행복하고
똑똑한 아이로 키우는,

# 책
## 읽어주기의
## 기술

책
행복하고
똑똑한 아이로 키우는,
읽어주기의
기술

초판 1쇄 발행  2023. 9. 13.

**지은이**  황유미
**펴낸이**  김병호
**펴낸곳**  주식회사 바른북스

**편집진행**  황금주
**디자인**  최유리

**등록**  2019년 4월 3일 제2019-000040호
**주소**  서울시 성동구 연무장5길 9-16, 301호 (성수동2가, 블루스톤타워)
**대표전화**  070-7857-9719 | **경영지원**  02-3409-9719 | **팩스**  070-7610-9820

•바른북스는 여러분의 다양한 아이디어와 원고 투고를 설레는 마음으로 기다리고 있습니다.

**이메일**  barunbooks21@naver.com | **원고투고**  barunbooks21@naver.com
**홈페이지**  www.barunbooks.com | **공식 블로그**  blog.naver.com/barunbooks7
**공식 포스트**  post.naver.com/barunbooks7 | **페이스북**  facebook.com/barunbooks7

ⓒ 황유미, 2023
ISBN 979-11-93341-24-7 03370

# 책

행복하고
똑똑한 아이로 키우는,

# 읽어주기의
# 기술

황유미
지음

아이와 교감하고 공감하며 같이 성장해 나가는 값진 시간

부모가 우리 아이들에게 주는 최고의 선물
'책 읽어주기'

# 들어가며

**모두 행복하게 사는 게 꿈인 , 두 아들 키우는 워킹맘이에요!**

　　난 결혼 전에 책 읽기와 글쓰기를 즐기던 사람이었다. 그런데 일과 육아를 하다 보니 어느 순간 책 읽기도 글쓰기도 모두 과거 형이 되고 있었다. 지금은 사랑하는 남편과 단란한 가정을 꾸리고, 감사하게도 친정 부모님의 도움을 받으며 두 아들을 키우고 있는 워킹맘이다. 오래전부터 나의 인생 목표는 쉽고도 어려운 '매일 후 회 없이 행복하게 살자!'였다.

　　아이가 어렸을 때, 회사 일도 참 많고 야근도 많았다. 그러던 어느 날, 문득 '내가 정말 후회 없이 잘 살고 있는 건가? 내가 행복 하게 살고 있는 건가?' 이런 의문이 들었다. 그리고 어떻게 사는 것 이 행복한 것인지, 또한 나의 미래와 아이들의 미래에 대한 고민도 많이 하게 됐다. 아이들이 행복해야 부모가 행복하고, 부모가 행복 해야 아이들이 행복할 거라는 생각이 들었다. 그런 많은 생각 끝에 우리 가족이 다 같이 행복하기 위해서는 '재미'와 '성장'이라는 밑거름이 필요했고, 부모만이 아이들에게 해줄 수 있는 '책 읽어주기'를 꼭 해야겠다는 결론을 내리게 됐다. 이 생각을 도출하기까지의 과정은 앞으로 이 책에 자세히 담을 생각이다.

그래서 두 아이가 배 속에 있을 때부터 지금까지 10년 넘게 매일 '책 읽어주기'를 하고 있다. 매일 밤 아이들에게 '책 읽어주기'를 하며 함께 웃고 이야기하던 그 시간들이 지금의 아이들을 키워냈다고 해도 과언이 아니다. 아이들의 초롱초롱한 눈빛은 그 드넓은 우주보다도 더 신비로웠고, 나를 가끔 놀라게 하는 아이들의 폭발적인 사고의 성장 속도는 곧 우주에 닿을 듯했다. 살아가며 나에게 이렇게 놀라운 경험을 하게 해준 아이들에게 고마운 생각마저 든다.

## '책 읽어주기의 기술', 이 글을 쓰며 나는 바란다

아이와 책을 읽었던 그 한순간 한순간이 아이와 교감하고 공감하며 같이 성장해 나가는 값진 시간이었다. 그렇기 때문에, 날을 지새우며 이 글을 정리하는 지금 이 순간도 감사하고 행복할 뿐이다. 지금 임신 중이거나 태교책을 읽고 있을 이 땅의 예비 엄마, 아직 밤낮 구분 없이 자다 깨기를 반복하는 갓난아기를 키우고 있는 초보 엄마, 어린이집이나 유치원에 다니는 어린 자녀를 둔 엄마, 아이들을 어떻게 키울지 육아와 교육에 대해 매일 고민하는 엄마들과 함께하고자 이 책을 쓰고 있다.

이 책에서는 아이들에게 '책 읽어주기'를 꾸준히 하게 된 이유, 즉, '책 읽어주기'의 좋은 점과 효과, 그리고 그동안의 육아, 내일에 대한 고민과 경험을 통해 엄마들이 어떤 것을 미리 준비하면 좋을지 공유하고 추천할 생각이다. 그리고 아이에게 '책 읽어주기'를 통해 많은 엄마들이 육아와 교육에 대한 시행착오를 줄이고, 더 나아가 육아와 교육에 대한 방향을 잡을 수 있도록 다양한 경험을 나눌 것이다. 또한, 이 책을 통해 아이의 행복을 바라는 모든 부모들이 '책 읽어주기'의 중요성을 느끼고 '책 읽어주기'를 꾸준히 해나갈 수 있도록 그 에너지와 방법까지도 함께 나눌 생각이다.

마지막 부분에서는 꾸준히 아이들에게 '책 읽어주기'를 하기 위해 내가 더 해보고 싶은 일, 도움을 줄 수 있는 일도 정리하려고 한다. 나는 하고 싶은 일이 생길 때마다 노트에 기록을 해둔다. 처음에 그 기록들은 작은 하나의 점에 불과했다. 하지만, 그렇게 써 내려간 기록들이 하나하나 쌓이더니 어느 순간 나의 과거와 미래를 연결해 주는 선이 되어 오히려 나에게 큰 힘으로 돌아왔다. 글은 나를 변화시키고 내 주변을 변화시키고, 에너지를 축적해서 더 큰 힘을 전달하고 꿈을 실현시켜 준다. 오늘도 나는 오늘을 기록해 본다. 그리고 그 글은 결국 우리가 원하는 미래로 우리를 인도할 것이라 믿는다.

매일 아이들에게 책을 읽어주면서 '책 읽어주기'야말로 부모들이 우리 아이들에게 줄 수 있는 최고의 선물이자, 또한 이때야말로 부모로 살아가며 느낄 수 있는 인생 최고의 시간이라는 확신이 들었다. 그동안 책으로 자란 아이들과 작년에 갑작스럽게 〈미국에서 1년 살아보기〉를 하며 '책 읽어주기'의 힘을 다시 한번 제대로 경험했다. 미국에서도 '책 읽어주기'의 강력함을 맛보았기에, 더 많은 부모들과 '책 읽어주기'의 경험을 나누어야겠다고 마음먹었다.

# 목차

**들어가며**

Part 1

# 우리 아이가 어떻게
# 자라기를 바라나요?

## Part 2

# 부모의 미래지도를
# 그려본 적 있나요?

Part 7

# 영어책은 어떻게
# 읽어주면 좋을까요?

## Part 8

# '책 읽어주기'를
# 꾸준히 할 수 있는 꿀팁은?

**글을 마치며**

– 앞으로 내가 무엇을 해야 할까?

# 우리 아이가
# 어떻게 자라기를
# 바라나요?

# 건강하게만
# 태어나 다오!

    추위를 무척 싫어하는 나였지만, 2012년 겨울은 신혼이라 그런지 유난히 따뜻하게 느껴졌다. 그리고 우리는 우리의 보물 1호인 첫째 아이를 만날 준비를 하게 됐다. 자상한 우리 신랑은 자신이 직접 아이에게 좋은 책을 읽어주고 아름다운 음악도 들려주고 싶다며 태교 동화책과 태교 CD를 사 왔다. 임신 초기부터 거의 매일같이 퇴근 후 저녁 시간에는 신랑이 태교책을 읽어주었고, **신랑과 아름다운 음악을 들으며 참 마음 편안하고 따뜻한 시간을 많이 보냈다.**

    하지만 회사는 여전히 바빴다. 그 당시에 난 회사 생활 5년 차로 자신감이 가득 찬 책임감 있는 대리였다. 난 내 일이 좋았고, 함께하는 직장 선후배와 동료들도 하나같이 다 좋았다. 그러다 보니 더욱이나 나의 휴직으로 인해 팀 사람들에게 업무 부담을 주고 싶지 않았다. 난 아기를 낳기 전에 최대한 할 수 있는 일을 끝까지 다 마무리 짓고, 육아 휴직 이후에도 빨리 회사로 복귀해서 공백을 줄일 생각이었다. 난 내가 자리를 비운 몇 달 동안 문제가 생기지 않도록 하기 위해서 최대한 만발의 준비를 했고, 결국 첫째 아이를 만날 출산예정일 며칠 전에 휴직계를 냈다.

그런데 그날, 아이는 출산예정일보다 빨리 태어나려 했고, 난 급하게 수술을 하게 됐다. 우리 부부는 건강한 아이가 태어나기만을 바랐고, 2013년 가을! 드디어 손가락, 발가락이 다 있고, 건강한 남자아이를 만날 수 있었다. 아이를 처음 만나는 순간 너무 놀랍고도 감격스러웠다. 부모라면 다들 이런 감격스러운 순간이 있었을 것이고, 이때 모든 부모들은 건강한 아이로 태어나게만 해달라고 기도하지 않았을까? 지나고 보니 그때 아이에게 바라던 것은 오직 '건강하게만 태어나 다오!'뿐이었다. 그리고 우리의 바람대로 건강하게 태어나 줘서 고마웠다.

# 어떻게 하면 아이들이
# 행복할 수 있을까?

설렘과 긴장, 그리고 처음으로 느껴본 진통, 불안, 초조함 뒤에 드디어 감격스러움을 만났다. 고귀한 생명이 이렇게 우리에게 왔다. 그러다 보니 책임감이라는 것을 느끼게 됐고 이 아이를 어떻게 키울지 고민하게 됐다. 우리 부부는 아이가 태어나기 전부터 아이를 어떻게 키울지 많은 이야기를 나눴고, 부모 입장에서 생각하다 보니 이야기할수록 어깨가 점점 더 무겁게 느껴졌다.

그래서 우리는 부모 입장에서 아이를 어떻게 키울지가 아니라, 비슷한 질문이지만 조금 관점을 바꿔 아이 입장에서 우리 아이가 어떻게 자라면 좋을지 생각해 보기로 했다. 그런데 질문을 바꿔

보니 그 결론은 생각보다 간단했다. 결론은 바로, '아이가 건강하고 행복하게 자라면 좋겠다'는 것이었다. 아마 모든 부모들은 궁극적으로 아이가 건강하고 행복하기를 바랄 것이다. 우리 부부 역시 그랬으니까. 그렇다면 어떻게 하면 아이들이 행복할 수 있을까?

곰곰이 생각해 보니 첫째 아이가 내 배 속에 있을 때, 신랑이 아이에게 태교책을 읽어주면 난 그렇게 행복하고 편안할 수가 없었다. 내가 행복하다면 탯줄로 연결된 우리 아이도 내 배 속에서 행복하지 않을까 하는 생각이 들었다. 그래서 아이가 태어난 후에도 그 행복을 느끼게 해주고 싶어서 매일 책을 읽어주게 되었다. 아이가 태어날 무렵부터 신랑은 회사 일로 너무 바빴고, 그때부터 나는 '독점육아'를 시작으로 아이와 함께하는 시간이면 자주 그림책을 보여주며 이야기를 해줬다. 내 기분일지 모르지만 아이가 누워 있을 때도, 기어 다닐 때도 그림책을 보여주면 아이 기분이 더 좋아 보였다.

그리고 아이가 혼자 앉을 수 있게 되고 아장아장 걷기 시작할 무렵부터는 내 다리 위에 앉혀서 책을 읽어줬고, 책을 보면서 아이에게 더 많은 이야기도 해줄 수 있었다. 아이가 좀 더 자랐을 때는 내가 아이에게 책을 읽어주며 아이의 이야기도 많이 들을 수 있어서 좋았다. 하지만 무엇보다도 가장 좋았던 것은, 내가 일을 하

행복하고 똑똑한 아이로 키우는,
책 읽어주기의 기술

다 보니 아이들과 지낼 수 있는 시간이 많지 않았는데, 아이를 내 다리 위에 앉혀서 책을 읽어줄 때면 짧은 시간이지만 아이들과 더 가까워지는 느낌이 들었다. **살을 맞대고 가까이에서 목소리를 듣고 서로의 이야기를 들으니 이보다 더 좋은 애착 방법이 있을까 싶었다.**

그래서 나는 그때부터 지금까지 계속 내 다리 위에 아이들이 앉으면 책을 읽어주고 있다. 물론, 이제 첫째 아이는 훌쩍 자라서 내 다리 위에 앉을 수도 없다. 그만큼 아이들은 생각보다 금방 자란다. 그러니 많은 생각 하지 말고, 기회가 될 때마다 아이들에게 책을 읽어주고 이야기도 많이 해주는 건 어떨까?

아이들이 어렸을 때, 내가 퇴근하고 집에 오면 아이가 둘이다 보니 서로 엄마 다리 위를 차지하려고 쟁탈전을 벌이기도 했다. 지나고 보니, 이 쟁탈전이 두 아이에게는 먼저 자리를 차지해서 책을 더 읽고 싶게 만드는 자극제가 되기도 했다. 따라서 아이가 여럿이라 '책 읽어주기'가 어렵다고 걱정하는 부모가 있다면, 오히려 아이들에게 자극이 되는 좋은 환경이라고 말씀드리고 싶다.

# 아이의 미래지도를 그려보세요!

　　우리는 아이들이 행복하게 자라고, 어른이 되어서도 행복하고 주체적인 삶을 영위하기를 바란다. 이 땅의 부모라면 누구나 아이들의 행복을 바랄 것이다. 그렇다면 아이들이 행복하게 자라도록 부모가 해줄 수 있는 건 무엇이 있을까? 그러나 행복의 정의는 사람마다 부모마다 다를 수 있고, 행복이라는 말도 너무 추상적이다.

　　그래서 그 행복을 좀 더 구체적으로 시각화해서 미래에 아이가 행복하게 사는 모습을 상상해 봤다. 그리고 어떻게 하면 아이가 행복하게 자랄 수 있을지 생각해 보고, 또 아이가 그렇게 행복하게 자라기 위해 필요한 덕목이 무엇인지도 생각해 봤다. 그랬더니 살

행복하고 똑똑한 아이로 키우는,
책 읽어주기의 기술

아가면서 부모가 아이에게 꼭 가르쳐 줘야 할 덕목도, 그것을 위해 부모가 해야 할 역할도 점점 보이기 시작했다. 참고로, 난 아이들이 살아갈 미래는 지금보다 더 많은 로봇과 공존하며 살게 될 것이고, 그러다 보니 **무엇보다 다양성을 인정하고 사람들 간의 이해와 공감이 굉장히 중요할 것이라고 생각한다.** 그래서 복잡 다양한 미래를 살아갈 아이들에게 '역지사지'를 가르쳐 주는 것이 부모의 역할 중에 하나라고 생각했다. 그렇다면, 그것을 어떻게 가르쳐 줄 수 있을까?

행복하다고 말하는 사람들이 가지고 있는
공통적인 특징 중 하나는 자신의 가치를 인정하고
그 가치를 향유하는 능력입니다.

– 알렉스 로비라《내 인생 최고의 명언》중 –

    **우리가 어떤 일을 할 때도 큰 목표를 세우고, 그 목표를 이루기 위해서 세부적인 작은 목표들을 세우게 된다. 그리고 나면 지금 우리가 해야 할 일이 점점 보이게 된다.** 우선, 우리 아이가 어떤 모습으로 자라기를 바라는지 미래지도를 그려보는 게 좋다. 미래지도라는 것은 단순히 아이의 미래 직업을 의미하는 것이 아니다. 혹여나 직업을 생각하더라도, 지금 현재 존재하고 있는 직업 중에서도 우리 아이들이 어른이 되었을 때 없어질 직업도 많다는 사실을 염두에 두어야 한다. 미래지도에는 아이가 나중에 '이런 사람이 되면 좋겠다'라고 생각한 모습이나 덕목이 있다면 그것을 그려보는 것도 좋다. 아직 구체적이지 않고 좀 추상적이어도 물론 좋다. 예를 들어, '창의적인 사람으로 자라기를 바란다'거나, '리더십 있는 사람으로 자라기를 바란다'거나 "역지사지"를 아는 사람으로 자라기를 바란다'는 등 여러 가지가 있겠다.

아이의 미래지도는 중간중간 아이의 성향에 맞게 수정할 수 있고, 점점 다듬으며 구체적으로 만들어 가게 된다. 그러나 처음부터 아이의 미래지도(육아와 교육에 있어 중요하게 생각하는 덕목 등)를 그려보지 않은 경우, 부모는 아이를 키우면서도 순간순간 아이가 잘 자라고 있는지 확인할 목표와 확신이 없기 때문에 주변의 이야기에 매번 흔들리게 된다. 따라서 **우선 아이의 미래지도를 먼저 그려보길 바란다. 아이에게 좀 더 관심과 애정을 갖고 관찰하다 보면 아이의 구체적인 미래지도가 점점 보이고, 우리 부모의 역할도 보이게 될 것이다.**

그러나 여기서 하나 주의해야 할 것은, 부모의 욕심을 채우기 위한 아이의 미래지도는 의미가 없다는 것이다. 아이의 미래지도는 최대한 아이 입장에서, 부모가 아이의 성향을 알아가면서 계속 채워나가야 한다. 혹시 부모의 욕심을 아이의 미래지도에 채워 넣으려 한다면, 결국에는 부모도 아이도 불행해질 수 있다는 점을 꼭 기억해야 한다. 따라서 우선 부모 자신의 내면을 스스로 채우며 부모의 미래지도를 그려야만 진정으로 아이를 위한 미래지도를 그릴 수 있다. 그래서 나 역시도 나의 내면을 채우려고 끊임없이 배우고, 알아가고, 공부하고 있다. 그리고 매일 아침 나의 미래지도를 그려보고 있다.

이 땅의 부모라면, 아이의 미래지도를 꼭 그려보기를 바란다. 나 역시도 아이의 미래지도를 매일 그려나가고 있다. **아이의 미래지도가 있다면, 우리는 육아라는 항해 속에서도 중심을 잃지 않고, 적어도 누구보다 덜 흔들리며 나아갈 수 있을 것이다.**

인생길은 이리저리 굽이치고 수시로 방향을 바꾸며 나아간다.

같은 길은 단 하나도 없다.

그러나 우리가 교훈을 얻는 것은 목적지에서가 아니라 그 여정에서다.

– 공병호 《일취월장》 중 –

행복하고 똑똑한 아이로 키우는,
책 읽어주기의 기술

# 아이의 미래지도를
# 그리기 어려운 이유

첫째 아이와 둘째 아이가 태어나기 전부터 신랑과 자주 아이의 미래지도를 상상해 보곤 했다. 맨 처음 아이의 미래지도에 써놓은 것은 부모의 바람을 담은 '건강하고 행복하게 자라길 바란다' 정도였다. 지금도 계속 아이들의 미래모습을 생각하며 매일 미래지도를 채워가고 수정하고 있다. 아이의 미래지도를 그려보는 것이 꼭 필요하다는 것은 알지만, 사실 처음에 아이의 미래지도를 그리는 것은 어려운 작업이었다.

왜 그럴까? 그 이유를 생각해 봤다. 아이의 미래지도를 그리기 위해서는 우선 부모의 기본적인 바람, 그리고 아이의 성향과 관심사도 알 필요가 있었다. 게다가 아이들이 살아갈 미래의 모습도 굉장히 중요한 요소였다.

그런데 우리가 지금 알고 있는 것은, **부모의 기본적인 바람**뿐이다. 여기서 중요한 건, 혹시라도 아이를 통해서 부모의 허기를 채우려고 하거나, 부모의 못 이룬 꿈을 아이에게 이루게 하려고 한다면, 아이와 부모는 모두 힘들어질 것이다. 아이는 결국 부모의 소유물이 아닌, 하나의 인격체라는 것을 기억해야 한다. 부모의 부족한 부분이나 결핍은 부모 스스로 본인의 미래지도에 그림을 그려가며 본인이 채워나가야 할 것이다.

그리고 **아이의 성향과 관심사**에 대해서는 아이가 어릴 때는 잘 모를 수밖에 없다. 하지만 아이와 많은 시간을 보내며 자연스럽게 또는 관심을 갖고 지켜보면 아이가 어떤 성향을 가지고 있는지, 아이가 무엇에 관심을 보이는지 알아가며, 점점 아이의 미래지도를 채워나갈 수 있다. 따라서 사랑과 관심으로 끊임없이 아이와 상호작용하고 공감하는 것이 필요하다.

마지막으로, **앞으로 아이들이 살아갈 미래모습**에 대해서 우리는 대부분 아직 잘 모를 수밖에 없다. 확실한 건, 우리가 살아온 근 20년만 보더라도 그전 20년에 비해 훨씬 빠르게 발전하고 있다

행복하고 똑똑한 아이로 키우는,
책 읽어주기의 기술

는 것이다. 이런 속도로, 아니 이보다 더 빠른 속도로 우리 아이들이 살아갈 미래는 많은 변화가 있을 것이다. 그 미래에 아이들은 다양한 AI와 더불어 생활하게 될 것이고, 우리가 당연하게 생각하는 많은 직업은 없어지고, 오히려 새로운 형태의 직업이 생길 것이다.

**어떤 상상을 하든 우리가 상상한 것 이상의 모습으로 미래는 빠르게 변화할 것이다.** 그런 예측하기 어려운 미래를 살아갈 아이들을 위해 부모들은 미래모습을 상상하며 아이의 미래지도를 그려봐야 한다. 하지만 아직 우리에게는 그 변화할 미래의 모습이 와닿지 않기 때문에 더욱이나 아이의 미래지도를 그리기 어려웠던 것이다.

## Part 2

# 부모의 미래지도를 그려본 적 있나요?

# 지금이 바로 '부모의 독서'가 필요한 때!

아이의 미래지도를 그리기 어려운 이유를 생각해 보면서 지금 부모에게 가장 필요한 것을 알 수 있었다. **바로 우리에게는, 미래를 보는 거시적인 안목이 필요하다.** 더불어, 쏟아지는 많은 정보 속에서 핵심 정보를 뽑아낼 수 있는 능력이 필요하다. 그런 안목은 어느 한순간에 얻어지는 것이 아니라, 많은 경험과 연륜에서 얻을 수 있는 것이다. **지금 우리가 그 안목을 얻을 수 있는 가장 좋은 방법은, 동서고금을 자유롭게 여행할 수 있는 '독서'이다.** 결국, 이것은 지금이 바로 우리에게 '부모의 독서'가 가장 필요한 때라는 것을 시사한다.

아이가 행복하기를 바라는 마음에 이 글을 읽고 있는데, 갑자기 부모에게 책을 읽으라니 무슨 말이냐고 반문할 수도 있다. 왜 지금 '부모의 독서'가 가장 필요하며 부모가 책을 가까이해야 하는지, 그 필요성을 경험을 통해 세 가지만 이야기해 보겠다.

### ◆ 첫째, 아이의 미래지도에 부모의 기본적인 바람을 잘 그려 넣으려면 어떻게 해야 할까?

부모 자신도 모르게 자신이 이루지 못한 부모의 꿈을 아이를 통해 이루려고 하는 경우가 종종 있다. 부모가 먼저 본인 스스로 부족한 부분을 채우기 위해 공부하고, 그 부족함을 채워나가야 아이들의 미래모습을 바르게 그릴 수 있다.

또한 부모는 아이들의 거울이라고 하지 않던가? 부모 스스로 공부하고 채워나가는 모습을 보이면 아이들은 반드시 그 모습을 따라 하게 된다. 부모가 먼저 책 읽는 모습을 보여주면, 어느덧 아이도 그 모습이 익숙해져서 자연스럽게 책을 읽게 된다.

**그래서 아이의 미래지도를 그리며, 나 역시 스스로 나의 미래지도도 같이 그려보게 됐다. 그리고 나의 미래지도를 제대로 그리기 위해 내면의 나를 깨워야 했고 그러기 위해서 독서를 시작하게 됐다.** 잠자고 있던 내면의 내가 점점 깨어나는 느낌은 또 다른 시작을 알리는 듯해서 설레고도 좋았다.

행복하고 똑똑한 아이로 키우는,
책 읽어주기의 기술

## ◆ 둘째, 아이의 미래지도에 아이의 성향과 관심사를 잘 그려 넣으려면 어떻게 해야 할까?

항상 아이의 성향과 관심사를 더 많이 알고 싶었다. 워킹맘이라 아이들과 많은 시간을 같이 보내지 못한다는 생각에 가끔은 마음 한편이 무거웠다. 하지만, 아이들과 함께하는 시간이 짧아도 아이들에게 사랑을 듬뿍 준다면 아이들을 행복하게 키울 수 있다는 확신이 있었다. 나는 이때 아이들에게 가장 필요한 것이 '아이들과 살을 부비며 공감하고 함께 놀아주는 것'이란 사실을 알고 있었다.

그래서 **아이들과 매일 꾸준히 살을 부비며 놀아주기 위해 내가 매일 밤 선택한 놀이는, '책 읽어주기' 놀이였다. 하지만, 이 놀이를 꾸준히 하기 위해서는 인내와 기술이 좀 필요했다. 결국 난 아이들이 자는 늦은 밤 '부모의 독서'로 돌아와 많은 육아 서적을 읽어가며 이 놀이를 하기 위해 준비를 했다.**

아이들과 함께할 '책 읽어주기' 놀이를 '부모의 독서'로 미리 준비해 두었기에 오래도록 꾸준히 할 수 있었다. 매일 '책 읽어주기' 놀이를 하며, 아이들과 재잘재잘 이야기를 나눴고 아이들이 해맑게 웃는 모습을 볼 때면 말할 수 없을 만큼 행복했다. 매일 '책 읽어주기' 놀이를 할수록 난 우리 아이를 더 알아갈 수 있었다. 그리고 더불어, 매일매일 아이를 알아가게 되니 아이의 미래지도를 수정하고 채울 수 있게 되었다.

### ❖ 셋째, 아이의 미래지도에 아이들이 살아갈 미래를 제대로 그려 넣으려면 어떻게 해야 할까?

몇 년 사이 우리가 가장 많이 듣는 단어 중에 하나가 **'4차 산업혁명 시대'**라는 단어이다. "기업들도 4차 산업혁명 시대에 맞는 인재를 찾는다.", "4차 산업혁명 시대에는 다양한 분야의 협업 능력이 필수다.", "4차 산업혁명 시대에는 평균적으로 잘하는 사람보다 한 분야에 열정적 재능과 관심을 가진 사람을 필요로 한다.", "4차 산업혁명 시대를 앞두고 학부모의 인식도 바뀌어야 한다."는 등 많은 이야기가 들리고 있다. '4차 산업혁명 시대'가 키워드이며, 우리에게는 그에 맞는 준비가 필요하다는 뜻이다.

따라서, 부모는 변화할 미래에 대해 미리 알고 인식을 전환해야 한다. 그러나 아직 우리에게는 4차 산업혁명이라는 단어도, 미래모습도 생소하다. 때문에 지금이야말로 독서를 통해 변화할 미래에 대한 공부가 절실히 필요한 때이다. 나 역시 미래의 모습을 인지하고 나의 인식을 변화하여 아이의 미래지도와 나의 미래지도를 멋지게 그리기 위해 '부모의 독서'를 시작했다. 역시 배움에는 끝이 없다.

'부모의 독서'를 통해 아이의 미래지도와 나의 미래지도를 제대로 만들어 가고, 이것을 이뤄나갈 생각을 하니 짜릿하고 내일이 더 기다려진다. **부모라면, 지금 당장 '부모의 독서'를 시작해 보자!**

행복하고 똑똑한 아이로 키우는,
책 읽어주기의 기술

**아이와 나, 그리고 우리의 행복한 미래를 위해서 말이다.**

책은 늘 살아 자신의 씨앗을 인간의 마음속에 심으며
다가올 새로운 시대에 끝없이 행위와 의견을 불러일으킨다.

– 베이컨 –

# 부모의 미래지도를
# 그리는 데 도움 되는
# 책이 있을까?

엄마가 된 우리들은, 여자이고, 엄마이고, 아내이자 딸이고, 며느리이고, 직원 또는 오너가 됐다. 사실 역할은 훨씬 많아졌지만, 그런 새로운 역할에 대해서 교육을 받거나 준비할 시간이 대부분 많지 않았다.

따라서 '부모의 독서'를 통해서 우리의 역할에 대한 자세와 미래를 그려볼 필요가 있다. 특히 우리들은 부모가 된 후로, 부모 역할에 대해 가장 많이 고민을 하면서도 사실 본연의 '나'로 인정받기를 원하는 욕구가 가장 크다.

행복하고 똑똑한 아이로 키우는,
책 읽어주기의 기술

우리는 자신의 존재를 확장하려 애쓴다. 나 이상이 되기를 원한다.

-C.S. 루이스《책 읽는 삶》중 -

혹시 이런 생각을 하면서도 어떤 책을 읽어야 할지 몰라 고민하는 부모들을 위해 이번 장에서는 그동안 정리해 둔 〈엄마를 위한 추천도서〉 목록을 담아보겠다. 아이의 미래지도와 부모의 미래지도를 그리기 위해 직접 읽고 도움이 된 책들, 특히 부모가 읽으면 도움이 될 만한 책 목록을 공개할 테니 이 장을 끝까지 천천히 다 읽어보기를 권한다.

부모들은 우리 아이들이 책을 가까이하고 좋아하길 바란다. 그렇게 아이들이 책 읽기를 원한다면, 먼저 부모가 아이들에게 책 읽는 모습을 보여줘야 한다. 부모는 아이의 거울이기 때문이다. 그리고 부모 스스로 내면을 채워야 한다. **부모의 내면이 채워지면 아이들을 좀 더 여유롭게 믿고 바라봐 줄 수 있기 때문이다.**

**독서를 하다 보면, 어느 순간 내면의 나를 만나고 치유를 통해 과거의 나로부터 자유로워질 수 있다.** 이 과정을 통해 좀 더 유연한 사고를 하고 부모와 아이가 같이 성장하게 된다. 나 역시 부모가 된 이후의 독서를 통해 이런 경험을 하고 있기 때문에 **아이에게 '책 읽어주기'뿐만 아니라, 반드시 '부모의 독서'도 같이 하자고 권한다.**

처음에는 나 역시 어떤 책을 읽어야 할지 막막했기에, 조금이라도 끌리는 책이 있으면 분야를 막론하고 닥치는 대로 책을 읽었다. 자기계발서, 육아 서적, 인문학, 재테크 서적, 경제/경영 서적, 역사 서적 등 밤새 읽었다. 지나고 보니 그 당시 나에게 큰 깨달음을 주고 순간순간 나를 성장시킨 책들이 참 많았다.

어떤 책을 읽어야 할지 몰라 고민하는 부모들에게 '부모의 독서'로의 첫 길을 안내하는 마음으로, 〈엄마를 위한 추천도서〉 목록을 20권 선정했다. 물론 지극히 개인적이고도 주관적으로 채택한 목록이다. 하지만, 이 목록은 나에게 변화와 깨달음을 준 책을 기준으로, 이미 예전 독서모임의 여러 부모들을 통해 검증이 됐기에 '부모의 독서'를 처음 시작하는 분들에게 분명 큰 도움이 될 것이다.

# 〈엄마를 위한 추천도서 20권〉

〈엄마를 위한 추천도서 20권〉을 읽어보고 부모의 내면을 채워가며 아이의 미래지도와 부모의 미래모습도 함께 그려 보길 바란다. 〈엄마를 위한 추천도서 20권〉 책을 읽었다면, 좋은 글귀나 번뜩이는 찰나의 생각을 반드시 기록해 둬야 한다. 그리고 매일 아침마다 5년 후, 10년 후의 모습도 함께 그려보며 꿈을 기록해 보자. 어느 순간, 그동안 희미하던 나의 미래모습이 점점 선명해지는 신기한 경험을 하게 될 것이다. 내가 그랬듯이 말이다.

## 1. 독서와 교육 방법에 대해 생각하게 하는 책

· 《푸름아빠의 아이 내면의 힘을 키우는 몰입독서》 (최희수)
· 《독서 천재가 된 홍대리》 (이지성, 정회일)
· 《48분 기적의 독서법》 (김병완)
· 《어떻게 읽을 것인가》 (고영성)
· 《메모 습관의 힘》 (신정철)
· 《질문 잘하는 유대인 질문 못하는 한국인》 (김정완)

## 2. 육아할 때 마음 수양에 도움 되는 책

- 《부모라면 유대인처럼》(고재학)
- 《내 아이를 위한 감정코칭》(최성애, 조벽, 존 가트맨)
- 《배려 깊은 사랑이 행복한 영재를 만든다》(최희수)
- 《하루 10분 내 아이를 생각하다》(서천석)
- 《못 참는 아이 욱하는 부모》(오은영)
- 《부모공부》(고영성)


## 3. 엄마 꿈 찾기에 도움 되는 책

- 《여자에게 공부가 필요할 때》(김애리)
- 《꿈이 있는 아내는 늙지 않는다》(김미경)
- 《가치 있게 나이 드는 법》(전혜성)
- 《꿈꾸는 다락방》(이지성)
- 《놓치고 싶지 않은 나의 꿈 나의 인생》(나폴레온 힐)
- 《당신의 소중한 꿈을 이루는 보물지도》(모치즈키 도시타카)


## 4. 경제관념을 변화시키는 데 도움 되는 책

- 《부자 아빠 가난한 아빠》(로버트 기요사키)
- 《부의 추월차선》(엠제이 드마코)

행복하고 똑똑한 아이로 키우는,
책 읽어주기의 기술

여러 사람이 같은 책을 읽어도 책에서 만나는 '최고의 문구'는 각자의 상황에 따라 다르다. 나는 이것을 오래전 독서모임을 통해 알게 됐다. 그리고 난 가끔 너무 좋은 책을 만나면, 꼭 소장을 하며 한 권의 책을 몇 년에 한 번씩 여러 차례 반복해서 읽기도 했다.

되읽고 싶은 책을 단 한 권이라도 챙기고 있는 사람은 외롭지 않다.

– 소설가 황순원 –

그런데 신기한 것은, 같은 책이지만 읽을 때마다 매번 나에게 다가오는 '최고의 문구'가 조금씩 달랐다. **어쩌면 '최고의 문구'로 다가오는 글은 그 책을 읽을 당시 각자의 고민에 대한 혜안이나 돌파구일지도 모른다.** 자신이 의식적으로나, 무의식적으로 자주 생각하고 고민하는 문제가 있다면, 그 관련된 문구가 자신에게 아주 특별하게 다가오는 것이다. 그리고 그 부분에서 깨달음을 얻고 사고의 전환이 일어나게 된다.

내가 책을 읽을 때 눈으로만 읽는 것 같지만

가끔씩 나에게 의미가 있는 대목 또는 한 구절만이라도

우연히 발견하면 책은 나의 일부가 된다.

– 윌리엄 서머셋 모옴 –

여러분이 만나본 '최고의 문구'는 무엇인가? **내가 한참 여러 분야의 책을 쌓아놓고 읽을 무렵, 그 많은 책 중에서 유독 잊혀지지 않고 오래도록 곱씹게 한 '최고의 문구'가 있다.**

다른 사람이 만든 창작물을 소비하면서

감탄만 하고 있는 삶에 나는 지치고 있었다….

내 삶 속에 정작 내가 만든 것은 없었기에

그렇게 공허하고 불안했던 것이다.

– 신정철《메모 습관의 힘》중 –

행복하고 똑똑한 아이로 키우는,
책 읽어주기의 기술

다만, 책이 아무리 좋고 크게 감동을 받았더라도, 책을 읽고 그냥 덮어버리면 시간이 지날수록 자연히 그 기억도 그 느낌도 점점 희미해지기 마련이다. 그러나 **좋은 글귀나 그때 떠오르는 자신의 생각을 기록하다 보면, 어느 순간 생각지도 못한 새로운 모습의 나를 만나게 된다.** 이미 나 역시 그 신기한 경험을 했기에 지금도 꾸준히 기록을 하고 있다. 처음 시작은 한 줄이면 충분하다. 따라서 반드시 기록하자. 그리고 기록의 힘을 믿어보자.

# 자신이 원하는 부모의 미래지도는 무엇인가?

아이가 행복해야 부모가 행복하고, 부모가 행복해야 아이가 행복하다. 아이의 행복을 위해 부모는 아이의 미래지도를 그리게 된다. 이때 아이의 미래지도를 멋지게 완성하고 싶은 부모라면, 아이의 미래지도와 더불어 부모 자신의 미래지도도 직접 그리고 이루어 나가야 한다. **지금 당장! 노트에 부모인 자신의 미래지도를 먼저 그려보자! 꼭 기록해야 한다!** 그리고 우리의 무의식을 깨워줄 '부모의 독서'도 함께 해야 한다.

아이들에게 '책 읽어주기'를 하며 덕분에 부모의 미래지도를 그리기 시작했고, 그것을 기록함으로써 부모가 먼저 삶의 의미를 찾고 나아갈 힘을 얻어야 한다는 것을 알게 됐다. 물론 방법적인 시행착오도 경험했지만, 기록의 힘이 얼마나 대단한지 경험하게 됐다. 육아와 일을 함께 하며 힘들었던 고비마다 **기록을 통해 위로를 받고 긍정의 에너지를 얻고, 삶의 의미와 자존감을 찾을 수 있었다.** 따라서 이런 나의 경험과 '꿈 설정과 실현 방법'에 대한 강연, 그리고 연재한 글을 바탕으로, **'부모의 미래지도를 채우고 이루어 나가는 방법'**에 대해 담아보도록 하겠다.

## 우리는 어떤 인생의 점을 그리고 있을까?

### ◆ 많은 점이 모여 연결되면 선이 된다

점이 모여 선이 된다. 그 점들이 하나하나 연결되어 더 굵은 선을 만들기도 한다. 이처럼 **지나간 어제와 오늘이 하나하나 연결되어 나의 미래가 만들어지고 있다.**

때로는 내가 의도하지 않은 방향으로 흘러 지금의 내가 되고, 지금이라는 미래에 와 있는지도 모른다. 하지만 확실한 것은, 내가 의도했건 의도하지 않았건, 그동안 자신이 선택했던 하나하나의 사건들이 결국 지금의 나를 만들었고, 미래의 나를 만들어 가고 있다는 사실이다.

인생은B(Birth)와 D(Death) 사이의 C(Choice)이다.

*- 장 폴 샤르트르 -*

### ◆ B(Birth)-C(Choice)-D(Death)

**여기 B-C-D 점이 있고, 이 점들이 모여 선을 만든다.** 인생은 B로 시작해서 D로 끝난다는 샤르트르의 말처럼, 우리 인생은 어딘가로 계속 흘러가고 연결되어 있다. 그리고 B와 D 사이에 많은 C가 존재한다. 그렇다면, 자신의 인생에서 그 수많은 C를 어떻게 선택하느냐에 따라 D의 모습이 바뀌지 않을까?

### ◆ 시작 점(B)-선택 점(C)-목표 점(D)

오늘의 선택들(Choice)이 모이고 모여, 목표 점(D)으로 연결된 하나의 선을 이룬다. 이때, 우리는 본인이 정한 목표 점(D)으로 가기 위해 직접 선택 점(C)을 그릴 수 있다. 이렇게 원하는 선을 그리기 위해서는, **반드시 분명한 목표 점(D)이 있어야 하고, 그 목표로 가기 위해 거시적인 안목을 가지고 선택(Choice)을 해야 한다.**

시작 점(B)에서 목표 점(D)을 연결해서 선을 그려보면, 중간에 지나쳐야 할 선택 점(C)의 위치가 명확하지 않은가? 혹시 지금 현재

행복하고 똑똑한 아이로 키우는,
책 읽어주기의 기술

가 힘들더라도, **목표 점(D)은 자신이 가야 할 방향을 알려주기 때문에, 우리에게 매 순간 주도적으로 선택하고 자신의 인생을 이끌어 나갈 강력한 힘을 준다.** 결국 목표 점(D)은 우리를 멋진 미래로 인도할 것이다.

## 우리가 원하는 미래는 무엇인가?

* **과거-현재-미래**

우리의 인생을 찬찬히 들여다보면, 과거의 점과 오늘의 점, 그리고 미래의 점이 연결되어 하나의 인생이라는 멋진 선이 된다. 자신에게 원하는 미래가 있다면, 오늘 자신이 만들어야 할 현재의 모습도 아주 명확해진다. 물론 현실적으로, 현재 자신의 상황이 좀 어렵고 힘들 수도 있다. 하지만 **정확히 원하는 미래가 있다면, 언젠가 길을 돌아서라도 갈 수 있으니 현재의 삶이, 현재의 수많은 선택들이 더 의미 있어질 것이다.**

반대로, 원하는 미래가 없거나 아직 모르겠다고 하는 경우, 인생에서 만나게 되는 그 많은 선택들을 어떤 기준으로 헤쳐나갈 수 있을까? 물론 그때마다 어떤 식으로든 선택을 하게 되겠지만, 잘못된 판단을 하거나 기회를 놓칠 수도 있다. 때로는 자신의 의지와 상관없이 분위기에 휩쓸려 선택지를 고르게 되거나 변화가 두려워서 그냥 의미 없이 시간을 흘려보내는 경우도 생긴다.

여러분은 어느 목적지를 향해 가고 있는가? 자신이 원하는 미래지도는 무엇인가? 여러분이 원하는 미래를 충분히 생각했다면, 이제부터 함께 미래지도를 구체적으로 기록해 보도록 하겠다.

행복하고 똑똑한 아이로 키우는,
책 읽어주기의 기술

# 원하는 것을
# 구체적으로 기록하라!

과거의 점과 오늘의 점, 그리고 미래의 점이 연결되어 하나의 인생이라는 선이 된다. **과거, 현재, 미래 그 어떤 것도 소홀히 할 수 없는, 다 소중한 나의 시간이지 않은가? 따라서 이 소중한 시간을 어떻게 채울 것인지 항상 고민해야 한다.**

신기하게도 우리가 많이 생각하고 반복적으로 되뇌면 결국 우리의 행동도 끌어당기게 된다. 또한, 반복적인 행동으로 습관이 만들어지면 이를 통해 또 우리의 생각을 바꿀 수 있다. 생각과 행동 중 무엇이 먼저라고 말할 수는 없지만, 단련하고 습관화하면 그 생각과 행동이 만나면서 시너지가 생기게 되고, 그 에너지는 우리가 원하는 미래를 더 빠르게 끌어당긴다. 따라서 **우리는 원하는 미래로 가기 위해서, 미래지도를 반복적으로 되뇌고 미래-현재-과거에 대한 기록을 반드시 해야 한다.**

우리의 미래와 운명은 우리 자신이 통제합니다.
우리가 생각하는 대로 될 것입니다.
꿈과 목표를 종이에 적음으로써,
우리는 자신이 원하는 사람이 되기 시작하는 것입니다.

– 마크 빅터 한센 –

## 1. 미래를 위한 기록

### ◆ 5년 후, 10년 후 원하는 목표를 반드시 구체적으로 기록하라!

우리는 하루 24시간 동안 참 많은 일을 해내고 있다. 하루 동안 많은 에너지를 쏟아가며, 바로 눈앞에 보이는 일을 성실하고 빠르게 해내고 있다. 물론 현재에 최선을 다하는 모습은 참으로 훌륭하다. 하지만, 자신이 진짜 원하는 것이 무엇인지 모른 채 열심히 달리고만 있다면, 정작 중요한 것을 놓치고 사는 것은 아닌지 생각해 봐야 한다.

매일 바쁜 일상이지만 소중한 오늘, 이 시간에 더 의미 있는 선택을 하기 위해서라도, 긴 호흡으로 반드시 자신이 가고 싶은 미래를 그려봐야 한다. **우선 자신의 5년 후, 10년 후 원하는 모습을 생각하고 기록해야 한다. 떠오르는 생각을 최대한 구체적으로 모두 적어야 한다.** 어떤 내용이든, 무엇이든 좋다. 이때는 내면의 나에게 원하는 것을 끊임없이 물어봐야 한다. 기록은 우리가 어떤 상황에서든 방향을 잃지 않고 미래로 갈 수 있게 도와줄 것이다.

## 2. 현재를 위한 기록

 ◆ **목표를 이루기 위해 매일 해야 할 일을
  최대한 아주 작게 쪼개어 기록하라!**

**여러분이 원하는 5년 후, 10년 후 미래모습을 생각했다면, 그 모습을 이루기 위해 매일 해야 할 일을 최대한 아주 작게 쪼개야 한다.** 미래로 가기 위해 현재 매일 해야 할 일을 세세하게 쪼개어 정했다면, 해야 할 일을 차례대로 노트에 기록한다. 우리는 매일 해야 할 일을 기록하고, 해내며 스스로 체크를 한다. 그것들이 하루하루 연결되어 우리는 원하는 미래를 끌어당기게 된다.

원하는 미래를 이루기 위해 매일 해야 할 일을 정하고, 그것을 꾸준히 해내는 일이 처음에는 어려울 수 있다. 하지만 한 달 정도 매일 꾸준히 실행하고 기록하면 습관화되고 좀 더 편안해진다. 이렇게 하루하루가 쌓이고 스스로가 성장하고 있음을 느끼며, 뇌는 또 한 번 자신이 나갈 방향을 인지하게 된다.

## 3. 과거를 위한 기록

### ◆ 매일 한 줄 감사일기를 써라!

우리가 살아가며 얻는 긍정적인 에너지는 소중한 나 자신, 그리고 나의 가족과 주변 사람들을 사랑하는 마음에서 나오게 된다. 난 나에게, 가족들에게, 친구들에게, 나를 둘러싼 자연에게 한 줄 감사일기를 쓰며 과거를 기록했다. 그리고 그 감사일기를 쓰며 감사함을 배우고 긍정의 힘을 얻으며 몸도 마음도 움직이게 됐다.

**오늘부터 사랑하는 사람들에게 한 줄 감사일기를 써보자. 시작은 한 줄이면 충분하다.** 긍정 에너지로 마음과 행동이 변화하고, 시너지가 일어나며 나의 과거와 현재, 그리고 미래가 아름답게 연결되기 시작할 것이다.

　　이제 이 멋진 미래를 아이들과 함께 만들어 가기 위해 자신의 미래지도를 그려볼까? 지금 바로, 미래지도를 그리고, 자신의 미래-현재-과거를 직접 기록해 보자. 어느 순간 자신이 원하는 5년 후, 10년 후의 멋진 나를 만나게 될 것이다.

••• 이제 충분히 부모의 미래지도를 그리고, 실천할 수 있겠는가? 부모 자신의 미래지도를 생각해 보고 기록했다면, 우리 아이들에게 '책 읽어주기'를 하기 위한 에너지는 충분히 채워졌다고 본다. 이제 본격적으로 부모가 소중한 우리 아이에게 매일 줄 수 있는 생애 최고의 선물인 '책 읽어주기'에 대해 이야기해 보겠다.

Part 3.

# 우리 아이에게
# 책을 읽어주면
# 어떤 점이 좋을까요?

"우리 아이에게 매일 책을 읽어주면 뭐가 좋은 거죠?"라고

구체적으로 물어보는 부모에게 확신을 주기 위해

직접 경험하고 느낀 세 가지 이야기를 이번 장에 담아보겠다.

# '책 읽어주기'는 아이에게 책 읽는 습관을 만들어 준다

부모라면, 우리 아이들에게 좋은 일만 있고 항상 행복하기를 바란다. 그래서 그런 좋은 영향을 주는 이들이 우리 아이 주변에 많길 바란다. 하지만 우리 아이가 어느 정도 자라고 나면 아이의 인간관계는 부모가 좌지우지할 수 있는 부분이 아니고, 우리 아이가 차차 직접 만들어 가야 하는 것이다.

그러다 보니 **부모들은 아이에게 믿음직한 '책'이라는 평생 친구를 만들어 주고 싶다.** 책을 통해 위로받기도 하고 힘을 얻을 수 있게 말이다. 또한, 책을 통해 과거 현인들의 혜안을 배움으로 미래를 보는 통찰력도 갖길 바란다.

좋은 책은 좋은 친구와 같다.

- 생피에르 -

좋은 책을 읽는 것은 과거의 가장 뛰어난 사람들과

대화를 나누는 것과 같다.

- 데카르트 -

책은 어떤 사람에게는 울타리가 되고 어떤 사람에게는 사다리가 된다.

- 레미 드 구르몽 -

하지만 부모가 아무리 우리 아이에게 책을 평생 친구로 만들어 주고 싶다 하더라도, 우리 아이가 성인이 되어 책을 싫어한다면 더 이상 부모가 도와줄 수 있는 방법이 없다. 그러나 어려서부터 매일 '책 읽어주기'를 통해 기분 좋은 경험을 하며 계속 책을 가까이한 아이는 자연스럽게 책을 받아들이고 책을 좋아하는 아이로 자라게 된다. 결국 '책 읽어주기'는 아이에게 책 읽는 습관을 만들어 주고, 평생 함께할 든든한 친구도 만들어 줄 것이다.

독서 습관은 닥쳐올 인생의 여러 가지 불행으로부터
당신의 몸을 보호하는 하나의 피난처가 되기도 한다.

– 윌리엄 서머셋 모옴 –

우리가 반복적으로 하는 행동이 우리를 형성한다.
그러므로 위대함은 하나의 행동이 아니라 습관이다.

– 아리스토텔레스 –

행복하고 똑똑한 아이로 키우는,
책 읽어주기의 기술

# '책 읽어주기'는 아이에게 '생각하는 힘'을 길러준다

## 아이들의 '사고'를 확장시켜 준다

    모든 아이들은 태어날 때 천재라고 한다. 다시 말하자면, 아이들은 모든 방면으로 많은 가능성이 열려 있다는 것이다.

    아기가 갓 태어났을 때 아기의 뇌세포는 잘 움직이지도 못한다. 그러나 주위의 자극이 반복되면서 뇌세포들은 점점 연결되고, 자극은 점점 더 쉽게 전달된다. 반면, 자극이 부족한 뇌세포는 그 기능이 떨어지고 결국은 퇴화하고 만다. 아기의 두뇌는 외부로부터 오는 자극에 민감하게 반응하며 발달하기 때문에, 모든 가능성이 열려 있다고 하는 것이다.

이처럼 아이들에게 책을 읽어주면 아이들은 단어 하나하나를 새로 알게 되고 점점 아는 단어가 쌓이게 된다. '책 읽어주기'를 계속하면 이런 단어들 사이에 연결되는 끈이 생기게 되고, 그 연결된 끈만큼 아이들의 사고가 확장되는 것이다. 결국 사람은 아는 언어만큼 사고를 하게 된다. 따라서 **'책 읽어주기'야말로 아이들에게 좀 더 넓은 사고를 할 수 있게 도와주는 최고의 선물이다.**

## 결국 '사고'하는 힘을 길러준다

우리의 아이들이 살아갈 미래는 우리가 살고 있는 이 시대보다 더 많은 변화와 혼돈이 있을 것이다. 또한, 우리 아이들이 성인이 되어 맞이할 시대에는 정해진 정답이란 것이 없고, 오직 '인간만이 가지고 있는 장점'을 살려 새로운 것을 만들어내야 하는 경우가 많을 것이다. 단편적인 지식이나 단순한 작업은 로봇의 역할이라 생각되지만, 게다가 감정이 있는 로봇까지 만들어진다고 하니 미래에 인간의 역할에 대해 고민을 하게 된다.

그러나 미래에 제아무리 뛰어난 인공지능, 사물인터넷 등 로

행복하고 똑똑한 아이로 키우는,
책 읽어주기의 기술

봇이 많이 보급된다 하더라도, 인간에게는 '인간만이 가지고 있는 장점'이자 '가장 강력한 것'인 사고, 즉 생각하는 힘이 있다. 사람은 생각하는 동물이다! 생각하는지 여부가 사람과 동물의 가장 큰 차이점인 것이다. 그리고 '글'은 '말' 없이는 쓸 수 없으며, '말'은 '생각' 없이 할 수 없다. 그만큼 '생각하는 힘'은 인간 고유의 특징이자, 최고의 강점이라 할 수 있다.

이처럼 **스스로 '생각하는 힘'은 태곳적부터 인간의 가장 강력한 무기였으며, 미래를 살아갈 우리 아이들에게 가장 큰 경쟁력이 될 것이다.** 그렇다면 이런 '생각하는 힘'은 어떻게 기를 수 있을까? '책 읽어주기'를 하게 되면, 아이들은 그림이나 그 내용을 통해 끝없이 많은 상상을 하게 된다. 우리가 운동을 통해 근육을 단련시키듯, **책을 통해 우리는 생각하는 근육을 단련시킬 수 있다. 생각하는 근육이 단련되면서 점점 생각하는 힘이 길러지게 되는 것이다.**

그 '생각하는 힘'이란, 4차 산업혁명 시대에 요구되는 즉, 새로운 것을 상상해서 만들어 내는 '창의성'이며, 어려운 상황에서도 헤쳐 나아갈 힘인 '지혜'이기도 하다. 결국 우리 아이들은 책을 통해 단편적인 지식이 아닌, '생각하는 힘'을 길러 더 넓은 세상을 경험하게 될 것이다. 또한, **'생각하는 힘'이 있는 아이는 스스로 내일을**

꿈꿀 수 있다. 꿈이 있는 아이는, 삶의 목적이 있고, 열정이라는 연료를 가득 채우고 있기 때문에 행복한 삶을 살 수 있다. 따라서 우리 아이들이 '책 읽어주기'라는 생애 최고의 선물을 받고 자라 항상 행복하고 열정적인 삶을 영위하기를 바란다.

배를 만들게 하고 싶다면, 사람들에게 목재를 가져오게 하고
일을 지시하고 일감을 나눠주지 말라.
대신 그들에게 저 넓고 끝없는 바다에 대한 동경심을 키워줘라.

– 생텍쥐페리 –

물고기를 주는 것보다 잡는 법을 가르치라고 한다.
"멀리 바다를 꿈꾸게 하라."

– 조윤제《다산의 마지막 질문》중 –

# '책 읽어주기'는 아이에게 즐거움과 자신감을 준다

## 아이들에게 즐거움과 기쁨을 주는 놀이다

아이들은 엄마라는 우주에서 이 멋진 세상으로 나왔고, 또 다른 탐험과 새로운 즐거움을 찾고 있다. 아이들은 끊임없이 탐색을 즐기기에, 매번 새로운 경험을 기다리고 있다. 물론 두려움도 함께 공존한다. 하지만 그들은 끊임없이 탐색을 한다. 아이들은 바로 앞에서 마주하게 되는 오늘 하루하루가 새롭다. 하지만, 책을 통해 새로운 세계를 만나는 순간, 또 다른 큰 우주를 경험하고 새로운 즐거움을 알게 된다.

책을 통해 아이들이 얻을 수 있는 가장 큰 선물은 즐거움과 기쁨이다. 유대인들은 아이들에게 처음으로 글을 가르칠 때 손가락을 꿀에 찍어서 알파벳을 쓰고 손가락을 빨아먹게 했다고 한다. '공부는 꿀처럼 달콤하다'는 생각을 심어주려는 것이다. 책에서 달콤함을 맛보고 새로운 세계를 접한 아이들은, 끊임없이 상상하고 생각하는 즐거움, 깨닫는 기쁨과 성취감을 느끼며 마음속 가득 자신감과 자긍심으로 채워진다.

나는 해리포터에 나오는 마법을 믿지 않습니다.
하지만 정말 좋은 책을 읽는다면
마법 같은 일을 경험할 수 있을 거라 확신합니다.

– 조앤 K.롤링 –

## 아이들에게 사랑을 느끼게 해주는 놀이다

우리는 아이들에게 사랑을 듬뿍 느끼게 해줘야 한다. 사랑을 받고 자란 아이들은 스스로를 사랑하고, 자존감 또한 높기 때문이다. 당연히 부모라면 자신의 아이를 사랑한다. 하지만 의외로 표현하는 방법을 잘 몰라서 어려워하는 부모도 많다. 아이에게 사랑을 느끼게 해주려면, "사랑해!"라는 말을 시작으로 몸을 부비며 놀아주는 것이 좋다.

**'책 읽어주기'는 바로 아이에게 사랑을 느끼게 해주는 놀이이다.** 아이를 다리에 앉히고 "사랑해!"라고 말하듯 소곤소곤 사랑스럽게 따뜻한 목소리로 책을 읽어주면 된다. 아이는 엄마 배 속에 있을 때처럼 가장 가까이에서 엄마의 부드러운 목소리를 들으며 사랑을 느끼고 정서적 안정감을 얻게 된다.

• • •    우리 아이에게 매일 '책 읽어주기' 글을 연재하며, '책을 읽어
줄 시기와 시간'에 대한 질문을 많이 받았다. 물론 어디에도 정답은
없다. 하지만, '책 읽어주기'를 마음먹은 부모라면 당연히 궁금한 부
분이기에 이 질문에 대해 같이 이야기해 보려고 한다.

Part 4.

# 우리 아이에게
# 언제 책을
# 읽어줘야 할까요?

# 매일 '책 읽어주기'는 언제부터 언제까지 해야 할까?

## '책 읽어주기'는 언제부터 해야 할까?

아이에게 '책 읽어주기'를 언제부터 하는 게 좋겠냐고 예비 부모들로부터 자주 질문을 받았다. 그때마다 난 항상 **아이가 배 속에 있을 때부터 부모가 매일 '책 읽어주기'를 시작하라고 권했다.** 배 속에 있는 태아도 생명체이기 때문에, 배 속에서 이미 엄마를 느끼고 아빠의 이야기를 들으며 세상을 알아가고 있다. 혹시 태교로 무엇을 해야 할지 몰라 아직도 고민하는 예비 부모가 있다면, 우리 아가에게 따뜻한 엄마, 아빠의 목소리를 들려줄 수 있는 아름다운 이야기책을 당장 집어 들기를 권한다.

우리 아이에게 매일 책 읽어주는 것은 특별하거나 유난스러운 일이 절대 아니다. **우리가 매일 밥을 먹는 것처럼, 마음의 건강을 위해 마음의 양식을 매일 주는 것뿐이다.** 매일 밥을 먹는 일상처럼 하루 일과 중 엄마와 아이가 책을 읽는 것 역시 매일매일 즐거운 일상 중 하나이다. 어느덧 매일 책을 읽는 일은 자연스러운 생활의 일부분이 되고, 아이에게는 책이라는 든든한 친구가 생기게 된다.

## 일찍부터 '책 읽어주기'를 계속하면 무엇이 좋을까?

매일 '책 읽어주기'를 하다 보면 아이는 자연스럽게 어려운 단어(그 또래가 쓰지 않는 고급 단어랄까?)로 문장을 만들어 이야기하고, 모르는 새로운 단어를 접해도 앞뒤 맥락을 보고 자연스럽게 파악할 수 있고, 어떤 상황에서도 조리 있게 설명할 수 있다. 때로는 주변 사람들에게 여러 가지 이유를 제시하며 설득하는 모습도 볼 수 있고, 퀴즈 내기도 좋아해서 새로운 문제를 끊임없이 만들어 내는 유쾌하고도 생각하는 아이로 자라게 된다.

그리고 아이에게 글을 가르치지 않아도 아이는 자연스럽게 글을 깨치게 된다. 사실 이때가 고비이다. 아이가 글을 읽게 되면 엄마들은 개인 시간을 확보하려고 또는 아이에게 책 읽는 연습을 시키기 위해 아이가 책을 읽어달라고 해도 아이에게 직접 읽으라고 하고 '책 읽어주기'를 그만하는 경우가 종종 있다. 이때 아이가 혼자 책을 읽다 보면 그 글자 하나하나에 집중을 하다 보니, 아직 글 전체를 보기도 어렵고 책에 흥미를 잃는 경우도 생긴다. **글자를 읽는 아이이더라도 부모가 책을 읽어주면 더 많은 상상을 할 수 있어 책을 더 흥미롭고 재미있게 느낀다.**

물론 때가 되면 아이에게 혼자 책 읽을 기회를 충분히 줘야 한다. 이때는 아이가 일정 시간 동안 혼자 꾸준히 책을 읽고 이해하는 연습이 필요하다. 다만, **'책 읽어주기'는 아이 혼자서 독서를 즐길 힘을 키워주는 것이기 때문에, 그동안 충분히 '책 읽어주기'를 해준 아이들은 곧 혼자 책을 읽고 즐기게 될 것이다.** 그러니 아이가 충분히 글을 읽더라도, 아이가 엄마에게 가끔 책을 읽어달라고 한다면, 엄마들은 아이에게 책을 충분히 읽어주는 것이 좋다. 아이는 엄마와 책 읽는 시간이 즐겁고 아직 엄마를 원하고 있는 것이다. 또한, 우리가 하는 책 읽기는 학습이 아니라 즐겁게 해야 하는 놀이이며, 독서를 즐길 힘을 만들어 주고 있기 때문이다.

## '책 읽어주기'는 언제까지 해야 하나?

따라서 아이에게 매일 '책 읽어주기'는 아이가 원하는 날까지 계속 하기를 권한다. **우선 매일 밥을 먹듯이 하는 자연스러운 일과이기 때문에, 하루에 단 한 권이라도 10년 동안은 꾸준히 읽어줘야 한다.** 10년은 너무 긴 거 아니냐며 반문을 하기도 하지만, 우리가 100년을 산다고 하면, 그중에 아이들과 아주 밀착해서 있는 시간은 길게 잡아도 10년밖에 되지 않는다. 그것도 10년 동안 매일 '책 읽어주기'를 해야 한다고 하지만, 사실 하루 24시간 중에 30분이면 충분하다! 아이들은 생각보다 빨리 자라고 생각보다 빠르게 하나의 독립체가 되어간다. 하루 30분, 10년을 다 계산해 보면, 우리가 살아가는 날 중에 그리 많은 날도 아니다. 길지 않은 시간이고 아이들이 자라고 나면 책을 읽어주고 싶어도 읽어줄 기회가 없게 된다. 아이들이 원하고, 우리가 할 수 있을 때 '책 읽어주기'를 하며 사랑을 듬뿍 주는 건 어떨까?

어느 정도 지나면, 책 읽는 것이 습관이 되어 아이 스스로 책을 고르고 읽고 즐기게 된다. 물론 목표한 10년이 되기 전에 이미 아이들은 책을 직접 고르고 책 읽는 놀이를 즐기고 있다. **'책 읽어주기'는 10년 동안 매일 30분이면 충분하다.**

## 우리는 다짐한다!

우리 아이에게 줄 수 있는 이 최고의 선물인 '책 읽어주기'를 아이가 원하는 날까지 해주겠다. 물론 아이가 원한다면, 아이가 초등학교 졸업할 때까지는 매일 '책 읽어주기'를 계속해 주겠다고 다짐했다. 하지만, 아이가 글을 알고부터 혼자 빠르게 책 읽는 것을 더 좋아하니, 당연히 혼자서 눈으로 책을 읽어나가는 시간이 훨씬 많아졌다.

그러나 요즘도 가끔 책을 읽어달라고 할 때가 있다. 그때는 정말 재미있는 책으로 신나게 읽어주고 쉬지 않고 이야기를 나누고 있다. 10년을 채우기 전에 이미 아이는 스스로 책을 고르고 혼자 책 읽기를 즐기고 있다. 우리에게 주어진 '책 읽어주기' 시간은 10년이 채 안 된다. 우리가 살아갈 날을 기준으로 생각해 보면 아주 짧은 시간이라, 아쉽지 않은가?

## 우리는 또 다짐한다!

더 많은 아이들이 '책 읽어주기'라는 최고의 선물을 받고 자랄 수 있도록 많이 알리고 도움을 줄 생각이다. 내 아이뿐 아니라, 이 땅의 모든 아이들이 우리의 미래니까 말이다.

# 하루 중 언제
# 책을 읽어줘야 할까?

아이가 갓난아기일 때는 종일 누워 있으니 나 역시 아이와 같이 누워서 알록달록한 그림책을 봤다. **물론 아이가 잘 먹고 잘 자서 기분 좋을 때 책을 보여주는 것이 가장 좋다. 그래야 아이에게도 책 읽는 것이 더 재미있고 즐거운 놀이로 기억되기 때문이다.** 아이가 기어 다닐 때는 몸으로 실컷 놀아주고 엄마 다리에 앉혀 '책 읽어주기' 놀이를 해주기도 한다. 이때 동물 그림책 등을 보여주며 관심을 끈다.

아이가 걷기 시작하면 아이들의 호기심도 에너지도 넘쳐나기 때문에 활동량도 더 많아진다. 그래서 이때는 몇 시간이든 실컷 놀리고 나서 쉬는 타임에 아이가 좋아하는 분야(남자아이는 자동차, 공룡, 몬스터, 우주 등)의 책을 살짝 보여주면 아이는 책에 관심을 보이게 된다.

유난히 활동적이고 에너지가 넘치는 아이의 경우에는 책 읽어주기가 어려운 경우도 있다. 그렇지만 아이가 실컷 놀고 좋아하는 종류의 책을 봐서 흥미를 느끼고, 비슷한 시간에 꾸준히 책 읽기를 하면 습관이 되어 점점 수월해질 것이다. 물론 이때, 기본적으로 부모에게는 인내와 끈기가 장착되어야 한다.

그런 습관을 들이기 위해서는, 우선 아이에게 책 읽기는 기분 좋은 느낌의 놀이라는 생각을 들게 해야 한다. 때문에 **아이가 편안하게 느끼는 시간에 책을 읽어주는 것이 가장 좋다.** 예를 들면, 화장실에 앉아 있는 시간이나 좀 차분해지는 잠자기 전 시간에 편안하고 즐겁게 책을 읽는 것도 좋다. 특히 운동 후에는 전전두엽 혈류량이 많아져서 학습 효과도 좋기 때문에, **아이들을 실컷 놀리고 간식 먹는 시간에 아이가 좋아하는 책을 읽어주는 것도 아주 효과적이다.**

우리 아이의 성향과 일상을 유심히 관찰하다 보면 '책 읽어주기' 좋은 상태 즉, 기분 좋고 차분한 상태의 시간이 있다. **그 시간**

을 통해 아이가 관심 있어 하는 책을 재미있게 읽어주고, 그 기분
좋은 느낌을 꾸준히 남겨주는 것이 중요하다.

# 하루에 책을
# 얼마나 읽어줘야 할까?

아이에게 매일 '책 읽어주기'를 처음 하다 보면 느끼겠지만, 매일 책 읽는 양도 시간도 항상 일정하지 않다. '책 읽어주기'가 어느 정도 익숙해질 무렵, 아이는 독서의 바다에 빠져 책을 끝도 없이 밤새 읽어달라고 하기도 한다. 하지만 어떤 날은 아이가 노느라, 또는 더 재미있는 장난감이 생겨서 한동안 책을 보지 않는 경우도 생긴다. 그러나 그동안 꾸준히 책을 봤다면, 걱정할 것 없다. 우리 아이들은 로봇이 아니라, 매일 매일 생각하고 느끼는 말랑말랑한 뇌와 따뜻한 가슴을 가졌기에 매일 느끼는 감정이 다른 것이다.

아이가 책을 한동안 잘 보다가 어느 순간 책을 읽고 싶어 하지 않는다면, 때로는 기다려 주는 것도 좋다. 다만, 기다려 주는 동안 엄마는 아이가 좋아하고 관심 가질 만한 책을 준비해야 한다. 또한 아이가 좋아하는 주제의 책을 바닥에 깔아놓고 표지를 통해 자극을 주는 것도 하나의 방법이다. 때로는 책장에 꽂혀 있던 책의 위치를 바꿔주는 것도 아이들의 호기심을 자극하는 데 도움이 된다.

그렇다면, 과연 하루에 얼마나 읽어줘야 할까? **아이가 책 읽기를 계속 원하면 원하는 대로 다 읽어줘야 한다.** 평생 아이가 엄마를 쫓아다니며 책을 읽어달라고 할 것도 아니고, 이것도 다 한순간이다. 지나고 보니 생각보다 이 시기가 빨리 지나가서 이제는 좀 아쉬운 생각마저 든다. **아이들이 책 읽기를 끝없이 원한다면, 그 끝을 경험하게 해주는 것도 좋다. 원하는 것을 끝까지 경험한 아이는 새로운 경험으로 자존감이 높아진다.**

그러나 **아이가 책을 거부한다면, 책 읽기는 즐거운 놀이라는 느낌을 받게 하는 게 가장 중요하다. 따라서 매일 '책 읽어주기'는 하루에 딱 30분만 하는 것을 목표로 한다.** 이때 아이가 흥미로워하는 주제의 책을 딱 한 권 펴고, 아주 재미있고 생동감 있게 읽어줘야 한다. 하지만 책을 처음부터 끝까지 다 읽어야 하는 것은 아니다. 책의 그림을 보며 좋아하는 이야기를 나누거나 역할

놀이를 하는 방법도 좋다.


꼭 기억하자!

**하루에 딱 30분! 한 권! 10년 동안 읽어주자!**

## Part 5

# 우리 아이에게
# 책을 어떻게
# 읽어줘야 할까요?

# "어떻게 읽어줘야
# 할까?"

**우리 아이에게 책을 어떻게 읽어주면 좋을까?**

아이들에게 책을 읽어주면서 가장 많이 고민했던 부분이다. 그러나 우리가 아이들에게 책을 읽어주는 이유를 다시 생각해 보면 의외로 쉽게 답이 보일 수도 있다. 내가 우리 아이들에게 책을 읽어주는 이유는 지식을 쌓게 하려는 것도, 1등을 만들기 위한 것도 아니다. 이런 것들은 시간이 지나고 나면 그 의미가 희미해지는 것이기 때문이다.

## 우리가 아이에게 책을 읽어주는 진짜 이유는,

첫째, 아이에게 책 읽는 습관을 만들어 주고, 항상 책을 가까이하는 **지혜로운 사람**이 되길 바라기 때문이다.

둘째, 그리고 생각하는 힘을 길러주고 싶다. 스스로 본인이 진정 원하는 일을 찾아 **생애 목적이 있는 사람**이 되길 바라기 때문이다.

셋째, 책을 통해 새로운 것을 접하는 즐거움을 느껴 **자신감 있고, 용기 있는 사람**이 되길 바라기 때문이다.

행복하고 똑똑한 아이로 키우는,
책 읽어주기의 기술

# 아이에게 책 읽는
# 습관 만들어 주기

우리가 아이에게 책을 읽어주는 이유는 무엇일까? 아이에게 책 읽는 습관을 만들어 주고, 항상 책을 가까이하는 지혜로운 사람이 되길 바라기 때문이다.

### 그렇다면, 아이에게 책을 어떻게 읽어줘야 할까?

◆ **매일 밥 먹듯이 읽어주자!**

아이에게 밥 먹듯이 책 읽는 습관을 만들어 주려면, 당연히 밥 먹는 것처럼 매일 규칙적으로 책을 읽어줘야 한다. 따라서 아기가 밥을 먹기 시작할 때부터 '책 읽어주기'를 시작하는 것이다. 그 래서 태교부터 시작하면 좋다. 아기가 배 속에서 엄마의 영양분을 먹듯이, 책도 빨아들이고 있을 것이다.

사람은 음식물로 체력을 배양하고, 독서로 정신력을 배양한다.

– 쇼펜하우어 –

물론 태교부터 시작하라고 하면 거창해 보이고 어려워 보일 수 있지만, 막상 시작해 보면 어렵지 않다. 욕심부리지 말고 태교 때부터 하루에 딱 30분, 한 권씩만 이야기 나누듯이 읽어주면 된 다. 물론 책도 처음부터 끝까지 다 읽을 필요는 없다. 중간중간 재 미있는 내용만 읽어줘도 충분하다.

그리고 아이가 태어난 이후에도 아이가 기분 좋은 시간이나 실컷 놀고 나서 휴식 시간, 잠자기 전 차분해지는 시간을 잘 공략 해서 읽어주면 된다. **하루에 딱 한 권, 하루에 30분씩만 읽어주면 된다. 그리고 혹시 아이가 더 읽어달라고 하면 그때부터는 원하 는 만큼 다 읽어주면 된다.** 이를 통해 부모도 아이도 점점 책 읽는 습관이 만들어질 것이다.

행복하고 똑똑한 아이로 키우는,
책 읽어주기의 기술

# 아이의 생각하는
# 힘 길러주기

우리가 아이에게 책을 읽어주는 이유는 무엇일까? 생각하는
힘을 길러주고 싶다. 스스로 본인이 진정 원하는 일을 찾아 생애
목적이 있는 사람이 되길 바라기 때문이다.

### 그렇다면, 아이에게 책을 어떻게 읽어줘야 할까?

◆ **책을 읽어주고 아이와 생각 나누기를 해보자!**

무엇보다 책을 매개로 아이에게 '생각하는 힘'을 길러주고 싶
다. 아이가 그림책을 보고 머리로 다양한 상상을 하면서 뇌는 사고

를 시작할 것이다. **생각하는 아이들은 분명 훗날 본인의 존재 가치를 알게 되고, 스스로 삶의 목적을 깨닫고 긍정적인 삶을 살게 된다.** 그런데 책을 꾸준히 많이 읽는다고 아이의 생각하는 힘이 자연스럽게 길러질까? 만약, '책 읽어주기'가 익숙해져서 부모는 습관적으로 책을 읽어주고 아이는 습관적으로 듣기만 한다면, 그것은 껍데기일 뿐이지 않을까? 무엇인가가 부족한 느낌이지 않은가?

물론 아이가 어리고, 처음 '책 읽어주기'를 시작할 때는 책 읽기 습관을 들이는 것조차 어렵게 느낄 수 있다. 그러나 '책 읽어주기'의 기술을 알고 나면 우리는 충분히 할 수 있다. 어느 정도 아이가 자랐을 때는 책을 읽어주고 책에 대해서 아이와 생각을 나누며 이야기를 해야 한다. 이렇게 책을 놓고 이야기함으로 아이는 책을 다시 마음으로 느끼고 머리로 생각하게 된다. 그리고 책을 진정 자신의 것으로 받아들이게 된다. 따라서 **책을 읽고 나면, 부모는 아이와 서로의 생각과 느낌에 대해 이야기 나누기를 권한다.**

단, **주의할 사항 두 가지**가 있다.

첫째! 혹시 책을 읽고 난 후, 책에 대해 대화하는 것을 아이가 많이 싫어한다면, 억지로 하지 않는 것이 좋다. 이때 아이가 느끼기에 부모의 질문, 부모와의 대화가 책 읽은 내용을 확인하거나 검사

행복하고 똑똑한 아이로 키우는,
책 읽어주기의 기술

한다는 느낌이 들어서 이 대화를 거부하는 경우도 있다. 이런 대화를 계속하게 되면, 즐거웠던 책 읽기의 느낌마저 부정적으로 남을 수 있기 때문에 이때는 멈추는 것이 좋다.

둘째! **책을 읽고 아이와 서로의 생각을 나눌 때, 주의할 점은 말 그대로 아이의 생각을 물어보는 것이 좋다.** 아이에게 책 내용을 확인하는 것은 정해진 답을 말해야 하는 주입식 교육과 다를 바가 없기에 이것은 자제하는 것이 좋다.

우선, **아이와 책을 읽고 책과 아이의 생각을 연결하는 질문을 해보자.** 아이 스스로도 책의 인물과 자신을 연결 지어 생각해 보면서 좀 더 책이 가까워지고 본인의 생각을 자유롭게 말하게 된다.

**효과도 두 가지**가 있다.

**첫째! 아이와 생각을 나누다 보면 아이는 여러 방면으로 다양한 사고를 하게 된다.** 이때는 아이가 스스로 이야기해야 하기 때문에 다시 한번 생각을 정리하고 핵심을 파악하게 된다. 때로는 본인이 아는지 모르는지에 대해 인지하는 '메타인지'도 경험하게 된다.

**둘째! 부모들은 평소에 몰랐던 우리 아이들의 마음을 알게**

**되고, 아이의 상상 속 이야기도 듣게 된다.** 이때는 생각보다 재미있는 이야기가 술술 나와서 듣는 재미도 쏠쏠하다. 아이와 생각을 나누다 보면 평소에도 아이와 이야깃거리가 풍부해지고 정서적으로도 훨씬 안정되고 서로의 감정을 공유하고 공감하다 보니 부모와 아이는 더 가까워지게 된다.

하지만 때로는 부모도 아이들의 책을 보고 질문하며 이야기하는 것이 익숙하지 않아 처음에 어떤 질문을 해야 할지 모를 수도 있다. 그런 경우, 간단히 아래 질문부터 시작해 보자. **이런 질문들은 아이들에게 자신의 생각을 정리해서 말하게 해주고, 부모에게는 아이들의 다양한 생각을 들을 기회를 준다.**

"아들아, 네가 이 호랑이였다면 어떻게 했을 것 같아?"
"아들아, 이 도깨비를 만난다면 어떻게 위로해 주고 싶어?"
"사실 엄마도 이런 적 있어. 혹시 너도 이런 적 있었니? 엄마한테 한 가지만 이야기해 줄 수 있어?"
"이 아이가 지금은 나쁘지만 착해질 수 있지 않을까? 이 아이에게 뭐라고 말해주면 좋을까?"

아이가 대답을 할 때, 엄마는 최대한 아이의 이야기에 귀 기울여 들어야 한다. 때로는 아이가 말하기를 어려워한다면 아이에게 "왜 그랬을까? 왜 그렇게 생각했을까?"를 몇 번 물어보며 생각을 끄집어낼 수 있도록 도와줘야 한다. **그리고 점점 아이의 이야기에 공감하고 빠져들다 보면, 어느 순간부터는 아이는 신이 나서 자신의 생각을 술술 이야기하게 된다.**

# 아이에게 책을 통해
# 즐거움 느끼게 해주기

우리가 아이에게 책을 읽어주는 이유는 무엇일까? 책을 통해 새로운 것을 접하는 즐거움을 느껴 자신감 있고, 용기 있는 사람이 되길 바라기 때문이다.

### 그렇다면, 아이에게 책을 어떻게 읽어줘야 할까?

---

◆ **책을 읽고 아이와 다양한 활동을 해보자!**

**아이에게 책 읽는 즐거움을 느끼게 해주고 싶다.** 아이에게 책 읽는 것이 즐겁다는 느낌을 주려면 어떻게 하면 좋을까? **책을**

행복하고 똑똑한 아이로 키우는,
책 읽어주기의 기술

**읽고 난 후, 아이와 함께 읽은 책과 관련된 요리, 노래, 실험, 그림 그리기 등 재미있는 활동을 해보는 것이 좋다.**

아이가 기어 다닐 때, 책에 집중을 못 하고 다른 곳에 가는 것은 당연한 행동이다. 이럴 때는 **아이와 같이 책을 장난감처럼 가지고 놀아준다.** 아이와 책으로 놀아주며 중간중간 책에 나오는 나비나 호랑이 등(아이의 관심사 공략이 아주 중요함)을 보여주고 동물 이야기를 해주면서 소리나 행동으로 관심을 끈다. 이때, 책의 글자를 꼭 다 읽어야 할 필요는 없으니 엄마 역시 편하게 즐기자.

또한, 이 시기에는 아이들이 책을 보더라도 책장을 막 넘기는 경우가 많다. 이것은 아이들이 호기심으로 하는 행동이기 때문에 야단치거나 막지 말고 편안하게 책을 더 가지고 놀 수 있게 해준다. 그리고 아이들이 책장을 막 넘겨서 책을 읽어주기가 어려운 경우에는, **중간중간에 보이는 그림을 보며 엄마는 이야기를 지어서 말해주면 된다.** 사실 아이는 책을 읽는 것보다 엄마의 이야기를 더 좋아한다. 우리는 아이에게 책의 글자를 전달하려는 게 아니라, 책을 보는 것이 즐거운 놀이라는 느낌을 주면 된다.

아이가 세 돌 정도 되면 책을 읽어주고 관련 체험활동을 조금씩 늘려가도 좋다. **책을 읽고 관련된 그림도 그려보고, 노래도**

**만들어 불러보고, 몸으로 표현해 보고, 때로는 책의 느낌을 음식으로도 만들어 보고, 실험해 보며 여러 활동을 같이해 본다.** 책만 읽을 때보다 아이들은 책에 더 빠져들고, 알고 싶은 것도 많아지게 된다. 그리고 주말에는 책에서 나온 동물을 보러 가거나, 체험을 하러 가거나, 관련 장소로 여행을 가는 것도 아이에게 책과 한층 더 가까워지게 해주는 방법이다. 물론 이때, 외출하면서 관련된 책을 챙겨가는 것도 아주 좋은 방법이다. 우리도 외출하거나 여행을 가게 되면 항상 여행의 컨셉과 관련된 책이나 아이들 각자 자신이 좋아하는 책을 직접 챙겨간다.

그리고 **책을 읽고 아이와 '생각 말하기 놀이**(역할놀이)**'도 해보자.** 예를 들어, "아들아, 네가 이 책의 주인공이었다면 어떻게 했을 것 같아?" 이렇게 물어봐 주면, 어느 순간 아이들은 자신이 주인공이 되는 상상을 하고 책에 푹 빠지게 된다. 이런 '생각 말하기 놀이(역할놀이)'로 때로는 책 읽기가 중단되고 밤새 이야기 지어내기 놀이를 하다 잠든 날도 많다. 책을 다 읽지 못했더라도 전혀 문제 될 것이 없다. 아이들과 책을 읽는 이유는 즐거움을 느끼기 위한 것이기 때문에 충분히 보람된 시간이다. 이 놀이 덕분에 아이들에게 책은 참 즐거운 놀이로 기억된다.

그리고 **아이가 7살 이상이 되면, 읽은 책들과 관련된 영**

행복하고 똑똑한 아이로 키우는,
책 읽어주기의 기술

**상물을 보여주는 것도 아이들에게 즐거움을 준다.** 나의 경우는 DVD나 유튜브를 활용한다. 그러나 너무 이른 나이에 영상물을 지나치게 많이 접하게 되면, 오히려 책을 멀리하게 되고 두뇌 발달에 방해가 될 수 있다. 때문에, 이때에는 미리 정확한 규칙과 시간을 정하고 아이들에게 영상물을 보여주는 것이 좋다. 이런 점만 신경 쓴다면, 책과 관련된 적당한 영상물 시청은 아이에게 또 다른 즐거움을 준다.

# 〈아이들과 책을 읽은 후, 재미있는 활동〉 사례

아이들과 책을 읽고 나서 그 책에 연계된 활동을 했을 때, 아이들은 정말 즐거워하고 책에 대한 긍정적인 느낌이 남아 또 책을 읽고 싶어 했다.

다음 몇 가지 활동 사례를 참고해서 아이들과 다양한 놀이활동을 같이해 보기를 권한다.

첫째, 자동차를 좋아하는 아이에게는 자동차가 나오는 다양한 책을 읽어준 후, 시중에 판매하는 저렴한 '입체 퍼즐 만들기 세트'를 활용해서 여러 자동차를 직접 만들어 본다. 그리고 '아이가 만든 차'와 '책에 나오는 차'를 비교해 보며 이야기해 보고, 역할놀이도 해본다.

행복하고 똑똑한 아이로 키우는,
책 읽어주기의 기술

둘째, 아이에게 빵이 나오는 책을 읽어주었다면, 아이와 같이 쿠킹클래스를 열어 특별한 빵을 직접 만들어 본다. 이때, 식빵과 케찹, 치즈 가루만 있어도 특별한 빵을 만들기에 충분하다. 아이가 직접 빵을 만들어 보고 먹어보게 되면, 스스로 자부심이 생기고 그 기분 좋은 경험이 오래도록 남아 책을 또 찾게 된다.

셋째, 아이가 좋아하는 책에 한참 빠져 있을 때는 그 책들을 읽고 학교 선생님 놀이를 해본다. 아이는 선생님을, 엄마는 열심히 배우는 학생을 하게 된다. 그러면 아이가 직접 화이트 보드에 책의 내용을 써가면서 학생인 엄마에게 설명도 해주고 질문도 한다. 그 과정을 통해 아이는 스스로를 자랑스럽게 생각하고 자신감을 얻는다.

넷째, 그 외에도 어떤 책이든 읽고 나면, 그 책과 연계하여 역할놀이(마켓놀이, 엄마아빠놀이 등), 클레이, 그림 그리기, 물감놀이, 수영놀이, 박물관 견학, 농장체험 등 아이들이 좋아할 만한 다양한 활동을 할 수 있다. 이런 활동을 통해 아이들에게 책은 재미있는 활동이라는 긍정적인 느낌이 남게 된다.

행복하고 똑똑한 아이로 키우는,
책 읽어주기의 기술

••• '책 읽어주기'에 관한 강연을 하고 글을 연재할 당시, 엄마들로부터 다양한 질문을 받았다. 열심히 답변을 하고 보니 그중 주기적으로 받게 되는 공통된 질문이 몇 가지 있었다. 그 공통된 질문이야말로 우리가 '책 읽어주기'의 기술을 연마하는 데 도움이 될 것이기에 그 질문을 재정리하여 함께 나눠보려고 한다.

## Part 6

# '책 읽어주기'의
# 기술을
# 익혀볼까요?

# 유아전집을 들였는데 아이가 읽지 않으면 아까워서 어떻게 하죠?

한참 강연을 하고 글을 연재할 당시, 일주일에도 몇 번씩 꼭 들어오는 질문이 있었다. "전집을 많이 들였는데 아이가 읽지 않으면 아까워서 어떻게 하죠?" 하고 참 많은 분들이 문의하셨다.

## 우선, 아이가 책을 보지 않는 이유를 생각해 볼까?

아이가 왜 새 전집을 보지 않을까? 혹시 책을 재미있게 읽어 줘도 아이가 전혀 흥미를 느끼지 못했는지, 아니면 아이의 손이 닿기 어려운 곳에 책을 놓아두었는지, 책을 책장에 꽂아놓기만 하고 꺼내서 아이에게 보여준 적이 없었던 것은 아닌지 생각해 보자.

## 아이의 최대 관심사를 파악해야 한다

요즘 아이의 관심사가 무엇인지 알고 있는가? 아이가 책과 친해지게 하기 위해서는, 아이를 유심히 관찰해서 아이가 관심 가질 만한 책을 방바닥에 깔아놓는다. 아이들의 책은 책장에 예쁘게 꽂아놓는 것이 아니라, 아이 눈에 잘 띄고 아이 손이 잘 닿는 곳에 놓아야 한다. 아이 손이 잘 닿는 곳으로 방바닥만 한 곳이 없다. 아이가 관심을 가질 만한 책 표지라면, 방바닥에 책을 깔아놓은 순간 아이는 집어 들게 된다. 적어도 호기심에 표지를 한 번 들춰 보게 된다.

물론 이렇게 되면 집이 깨끗하기를 기대하기는 어렵다. 하지만 집이 깨끗한 것보다는 아이가 편하게 책을 볼 수 있는 분위기를 만들어 주는 게 책 읽기를 위해 가장 중요한 것이라고 스스로 위안 삼아야 한다. 나 역시 아이들의 눈높이에서 편하게 책을 꺼내 볼 수 있도록 방바닥이나 낮은 책장 또는 화장실 바구니 등에 아이들 책을 많이 놓아두었다. 집 여기저기가 점점 지저분해지는 느낌이었지만, 마음을 비우고 나니 오히려 좀 편안해졌다. 집이 좀 어지러운

행복하고 똑똑한 아이로 키우는;
책 읽어주기의 기술

느낌일 때도 있지만, 아이들이 편하게 책을 가지고 놀고 펴서 읽어 볼 수 있으니, 이만하면 책을 방에 깔아놓을 만한 가치가 있지 않을까?

## 책의 위치를 바꿔볼까?

아이가 볼 새 책을 들여서 책꽂이에 꽂을 때는 아이가 책을 꺼내기 좋은 동선을 생각해서 편하고 낮은 책장에 책을 꽂아주어야 한다. 그리고 몇 달에 한 번씩 책의 위치를 바꿔주면 환기가 되어 아이들이 호기심을 보이는 경우도 있다.

그런데 아이가 관심 있어 할 만한 책을 아이가 꺼내기 편한 곳에 두었고 엄마가 재미있게 읽어주기도 했는데, 만약 아이가 책을 보고 싶어 하지 않는다면, 아이에게 책이 너무 쉽거나 또는 너무 어렵거나, 아니면 책보다 더 재미있는 것들이 있지 않을까?

이에 해당된다면 읽던 책은 잠시 다른 곳에 빼 두고 다시 지금 아이의 관심사를 잘 살펴보아야 한다. 그리고 아이가 가장 관심을 가질 만한 책, 또는 아이 나이에 좋아할 만한 책을 빌려서 다시 보여주는 것이 낫다. 잠시 빼 둔 책은 다음 분기나 아이가 관심을 보일 나이에 다시 보여주는 것이 좋겠다. 그만큼 '책 읽어주기'의 기술은 아이에 대한 애정과 관심, 그리고 인내를 많이 필요로 한다.


## 아이가 전집 중 1/3만 좋아해도 성공이다

전집을 살 때, 난 아이들이 전집을 100% 다 읽을 거라고 기대하지 않는다. 그것을 기대하다가는 아이들을 잡을지도 모르니까 말이다. 아무리 좋은 전집이라 해도 **아이마다 취향과 성향이 다르기 때문에 전체 전집 중 1/3만 아주 좋아해도 대박 전집이라고 볼 수 있다.** 이렇게 마음을 비우고 나니 오히려 아이들이 수시로 책을 꺼내 와서 책을 읽어 달라고 했고, 가끔은 전집 전체 책을 거의 외울 정도로 읽은 적도 있다.

전집이 엄청 비싼데, 본전 생각이 나서 어떻게 마음을 비울 수 있냐고 묻는 경우도 있다. 그렇다면, 우선 중고전집을 들이자고 말하고 싶다. **아이가 전집 전체의 1/3만 읽어도 충분하다는 생각을 가지려면, 처음부터 전집을 1/3 가격으로 사보는 건 어떨까?** 1/3 가격까지는 아니더라도, 분명 깨끗하고 저렴한 책이 많이 있다.

우리 아이의 경우, 좋아하는 책은 보고 또 보고 6개월이 지난 어느 날 갑자기 6개월 전에 보던 책을 또 찾는 스타일이었다. 그래서 우리는 어쩔 수 없이 전집을 대여하기보다는 사는 편이었다.

하지만 새 전집은 대부분 많이 비쌌기 때문에, 우리는 전국을 뒤져서 가장 깨끗하고 저렴한 중고전집을 들이는 경우가 많았다. 좀 저렴하게 책을 사고 보니, 아이가 전집 전체를 다 읽지 않아도 내 마음의 부담이 줄었다. 결국 마음의 부담도, 경제적 부담도 줄이기 위해서는 깨끗한 중고전집이나 핫딜, 리퍼 또는 미세한 불량으로 싸게 파는 전집을 찾아보는 것도 방법이다. 또한, 가까운 도서관에서 우선 책을 빌려서 아이에게 읽어주고, 그중에서 아이가 관심을 보이는 책이 생기면 그 책을 사는 것도 좋은 방법이다.

# 아이에게 몇 살까지 책을 읽어줘야 할까요?

이 질문은 강연 당시, 5살 남자아이의 엄마, 8살 여자아이의 엄마, 그리고 초등학생 자녀를 둔 여러 엄마들에게 받은 질문이다.

### 우리 아이에게 몇 살까지 책을 읽어줘야 할까요?

- ◆ "아이들에게 '책 읽어주기'를 꾸준히 해주시는
  여러분들의 생각은 어떤가요?"

나의 경우 아이들이 내 배 속에 있을 때부터 매일 '책 읽어주기'를 했다. 나는 아이들과 같이 책을 보고, 재잘재잘 이야기하고, 그림도 그리고, 만들기도 하고, 역할놀이도 해보는 그 시간이 좋았

행복하고 똑똑한 아이로 키우는,
책 읽어주기의 기술

다. 아이들 역시 밤만 되면 책을 뽑아 와서 내 다리 위에 앉아 책을 읽어달라고 하며 살을 부비는데, 그 시간을 좋아했고 나 역시 그 느낌이 너무 좋았다.

**다행히 우리 아이들은 자연스럽게 책을 좋아하게 됐고, 책을 읽고 나면 항상 놀이로 확장하다 보니 책 읽기도 놀이로 생각했다. 난 이 시간이 너무 소중하고 좋아서 아이들이 '책 읽어주기'를 원하는 한 계속 읽어줄 생각이다.** 아이들이 학교에 가고 글을 읽고 쓰고, 아는 단어가 많아지면서 그 단어만큼이나 아이들의 사고는 더 확장되고 빠르게 성장하고 있다. 당연히 이 시기에 아이가 스스로 책 읽는 연습을 하는 것도 중요하다. 하지만, 아이가 엄마에게 책을 읽어달라고 한다면, 충분히 책을 읽어주는 것도 아이에게 정서적으로 안정감을 주고 아이의 감성을 더욱 풍부하게 해주기 때문에 좋다.

개인적인 목표로는 아이들이 초등학교 졸업할 때까지, 물론 아이가 원하는 경우에 계속 책을 읽어줄 생각이었다. 하지만, 이미 첫째 아이는 혼자 책 읽는 것을 더 좋아한다. 그만큼 우리가 아이들에게 책을 읽어줄 시간은 그렇게 길지 않다.

그런데 여기에서 꼭 생각해 봐야 할 것이 있다. 아이마다 성

향도 다르고 취향과 관심사도 다르고, 아이들만큼이나 책을 읽어
주는 엄마의 성향과 취향도 다양하다. 그리고 '책 읽어주기'를 시작
한 시점도 다 다르고, '책 읽어주기'를 꾸준히 했는지 여부도 다르
고, 어떤 책을 접했는지, 어떤 방법으로 책을 읽어주었는지, 그리고
책 읽어주기 이후 연계활동은 어떻게 했는지도 다 다르다.

**당연히 이렇게 전제 자체가 다르기에 언제까지 '책 읽어주
기'를 하면 좋다고 단정 짓기는 더 어렵다.** 게다가 이 질문에서 더
중요한 건, 우리 부모마다 아이들에게 책을 읽어주는 목적도 다 다
르다는 사실이다. 따라서 원하는 방향이나 성취의 정도도 당연히
다를 수밖에 없다.

이 '책 읽어주기'를 언제까지 해야 하나 하는 생각을 조금만 바
꿔봤으면 한다. **아이들에게 책 읽어주는 것은 부모가 아이들에게
사랑을 표현하는 방법 중 하나이다.** 부모라면 당연히 평생토록 아이
들에게 사랑을 주고 싶을 것이다. 다행인지 불행인지, '책 읽어주기'는
평생 할 수도 없고, 평생에서 딱 10년만 해본다고 생각하면 어떨까?

그러나 10년씩 시간이 주어지지 않을 수도 있다. 아이들은 생
각보다 빨리 자란다. 어느 정도 자라서 아이들의 의사 표현이 정확
해지면, 아이들은 오히려 우리에게 책 읽어줄 기회를 아예 주지 않

행복하고 똑똑한 아이로 키우는,
책 읽어주기의 기술

을 수도 있다. 하지만 확실한 것은, **우리가 매일 '책 읽어주기'를 하며 아이들과 함께한 이 시간은, 아이들에게 부모의 사랑을 느끼게 해주고, 나아가 아이들이 어른이 되어 이 세상을 살아갈 때 그들의 삶을 더욱 단단하게 지탱해 줄 것이라는 사실이다.**

우리가 한때 즐겁게 했던 일들은 결코 사라지지 않는다.
우리가 깊이 사랑하는 모든 것들은 우리의 일부분이 된다.

– 헬렌 켈러 –

그리고 이번 질문을 통해 부모 스스로 아이들에게 왜 '책 읽어주기'를 하려고 하는지, 그 근본적인 이유를 다시 한번 생각해 보기 바란다. 그 근본적인 이유를 진지하게 생각하다 보면, 부모 스스로 '아이에게 언제까지 '책 읽어주기'를 해야 할까?'라는 질문에 대한 어느 정도 데드라인을 찾는 데 도움이 될 것이다.

혹시 아직도 잘 모르겠다 한다면, **우선 우리 아이들에게 '책 읽어주기'를 10년은 해야 한다고 생각하자.** 10년이라는 시간이 길어 보일 수도 있지만, 우리가 마음을 굳게 먹고 '부모의 독서'로 정신 무장을 하며 함께한다면 훌륭히 잘해낼 것이다.

# 아이가 갑자기 책을 거부하는데 어떻게 해야 할까요?

책을 잘 보던 아이가 갑자기 책을 거부하는데 어떻게 해야 할지 고민이라고 하시는 분들도 많았다. 우리 아이들 역시 이런 때가 있었다. 매일 책 읽는 것을 즐기고 책을 읽어주면 초롱초롱한 눈으로 흥미롭게 듣던 아이가 갑자기 책은 나중에 보겠다고 했다. 물론 아이마다 성향이 다르고, 당연히 육아에는 정답이 없다. 다만, 이런 비슷한 고민을 하는 엄마들에게 조금이라도 참고하시고 힘을 내자는 의미로 이 경험을 나눠보기로 했다.

**책을 즐기던 아이가 갑자기 책을 거부한다면, 분명 이유가 있다.**

행복하고 똑똑한 아이로 키우는,
책 읽어주기의 기술

첫 번째로, 우리 아이들은 자라면서 새로운 것을 다양하게 접하고 있다. 그러다 보니, **자연스럽게 책보다 더 재미난 것을 알게 되기 마련이다.** 그런데 그 재미난 것을 더 하고 싶고 아직 다 채워지지 않았기 때문에, 책 읽기 등 다른 놀이는 뒤로 미루게 된다.

아이들이 더 재미난 무엇인가를 찾았다는 것은, 아이들이 새로운 것에 호기심을 갖고 잘 성장하고 있다는 뜻이다. 따라서 아이가 책을 덜 본다고 걱정하지 말고, 다만 아이에게 새로운 재밋거리가 무엇인지 관심을 갖고 지켜보도록 한다.

**혹시 아이가 새로운 재밋거리를 찾았고, 그것이 다 채워지지 않아 책을 거부하는 것이라면, 책을 억지로 읽히지 말고 기다려 주는 것이 좋다.** 책을 꾸준히 읽던 아이라면, 일단 믿고 기다려 주자! 물론 여기서 기다린다는 것은 무조건 손을 놓고 있다는 것이 아니라, 아이에게 억지로 책을 읽히려고 하지 말자는 의미이다. 또한 아이가 푹 빠진 재밋거리가 TV, 핸드폰, 컴퓨터 게임은 아니라는 전제로 기다려 주자는 것이다. 아이가 새로운 재밋거리에 푹 빠져 있다면, 책 읽기를 잠시 멈추고 아이가 하고 싶어 하는 그 재밋거리로 채울 수 있는 시간을 충분히 주어야 한다.

아이의 재밋거리를 알았다면 최대한 아이가 그것을 즐기고 채울 수 있게 도와준다. 또한 **아이가 원한다면, 아이의 새로운 재미거리를 부모가 같이해 보는 것도 좋다.** 그리고 아이의 관심, 새로운 재밋거리와 연결된 책을 준비해서 그 책을 접할 기회를 만들어 주어야 한다. **분명 책을 좋아했던 아이는 다시 책을 찾게 된다.**

첫째 아이의 경우, 책 보는 것을 꽤 즐기고 있었다. 그런데 7살 여름 무렵 갑자기 책 읽기를 거부했다. 그래서 퇴근 후에는 이 녀석이 왜 이럴까 생각하며 유심히 아이를 관찰했다. 매일 밤 아이에게 책을 읽어줬는데, 책을 읽던 시간에 아이에게 책보다 더 좋고, 더 재미있고, 더 하고 싶은 놀이가 생겼다. 그건 바로 칼싸움 등 전쟁놀이였다. 그래서 6개월 동안 퇴근 후 밤마다 아이와 전쟁놀이를 같이 해줬다. 아이가 전쟁놀이를 하고 나서 무지 즐거워하고 만족스러워하던 어느 날, 전쟁 이야기가 많이 나오는 《어린이 한국사》 책 몇 권을 방바닥에 깔아놓아 봤다. 그랬더니 그날 이후로 《어린이 한국사》 전집 몇 질을 쉬지 않고 읽었고, 다시 책을 즐기게 됐다. 아이는 본인이 좋아하는 놀이를 몸으로 충분히 채웠고, 다시 그 좋아하는 놀이를 책에서 만나게 된 것이다.

두 번째 이유로는, 간단히 말해 **엄마가 읽어주는 책이 재미없거나 책이 아이 마음에 들지 않는 것이다.** "자, 여러분! 이제 다 알았으니, 우리 아이가 왜 갑자기 책을 거부했는지 원인을 찾아볼까요?"라고 한다면, 사실 말이야 쉽지, 아이마다 구체적인 원인을 알아내기 위해서는 아이를 관찰할 시간이 많이 필요하다.

둘째 아이의 경우는 바로 이 두 번째에 해당됐는데, 첫째 아이 때부터 집에 책이 많다 보니 둘째는 태어나서부터 자연스럽게 책을 접하게 됐다. 그렇게 자연스럽게 책을 보는 것이 놀이였던 아이가 어느 날부터 거부하는 책들이 하나둘 생겨났다.

그 무렵, 둘째 아이가 많이 자라기도 했고 책장에 있는 책들에 흥미를 느끼지 못하는 것 같아, 책장에 꽂혀 있는 둘째 아이의 책을 다 빼내고 아직 읽어보지 못한 새로운 책으로 바꿔줬다. 그런데 그때부터는 아이가 아예 책을 보지 않으려 했고, 원인을 모른 채 그렇게 몇 달이 지속됐다. 뭐가 문제일까 아이를 좀 더 유심히 관찰하기 시작했다.

그런데 신기한 사실을 알게 됐다. 내가 둘째 아이를 위해 책장에 새롭게 바꿔준 책들이며, 그 전에 아이가 거부하던 몇몇 책들은 모두 첫째 아이가 보던 책들이었다. 반면 이전에 둘째 아이가 잘 보던 책들은 하나같이 다 둘째 아이 이름으로 새로 사준 책들이었다. 설마 하고 둘째 아이에게 새 책을 주문해 주겠다고 말하고, 둘째 아이 이름으로 새로 배송 온 책들을 보여줬더니, 그 책들을 끌어안고 다녔다.

　어느새 아이가 자라고 자아도 점점 커가면서 자신의 것이 무엇인지 아는 나이가 되었다. 그리고 자아가 강한 아이가 되었다. 그 후로도 둘째 아이는 첫째 아이가 까꿍이 시절에 읽던 책들은 잘 보지 않았고, 둘째 아이 이름으로 처음 사준 자신의 책만 보고 있다.

　물론 모든 아이들이 다 이렇지는 않다. 하지만 **책 읽는 것을 갑자기 거부한다면, 이처럼 아이마다 분명 이유가 있다. 그 이유는 엄마의 관심과 애정, 그리고 인내로만 찾을 수 있다.** 나 역시도 그랬다. 이것이 바로, 우리가 항상 아이들의 감정과 생각에 안테나를 세우고 관심을 보여야 하는 이유이다.

　지금 우리 아이들에게 가장 필요한 것은, 무엇을 하든 아주 '재미'가 있어야 한다는 것이다. '재미'라는 기본적인 욕구가 충족되어야 다른 활동도 가능하다는 사실을 기억하자.

행복하고 똑똑한 아이로 키우는,
책 읽어주기의 기술

# 아이가 읽던 책만
# 계속 읽어달래요,
# 어떻게 하면 좋을까요?

간혹 아이에게 골고루 다양한 책을 읽도록 해주려고, 아이가 좋아하고 원하는 책이 있더라도, 아이가 싫어하는 다른 분야의 책을 읽어주는 경우가 있다.

**아이가 한 가지 주제에 깊은 관심을 보일 때는 아이가 좋아하는 그 주제의 책들을 통해 그 끝을 경험해 보게 해주는 것도 좋다.** 그러기 위해서 부모는 아이가 관심 있어 하는 주제의 책들을 아이 수준에 맞게 준비해 둬야 한다. 아이들은 자신이 좋아하고 관심 있는 분야의 책을 만나는 순간, 스스로 책을 꺼내 읽고 스펀지처럼 빨아들이며 그 분야의 궁금증을 채워나가게 된다. 그렇게 채워나가다 보면 그 분야에서 확장된 또 다른 궁금증을 해결을 위해 다른 분야에 관심을 갖게 되고 관심 분야를 확장하게 된다.

**이렇게 관심 있던 분야를 끝까지 채워보는 과정을 통해 아이들은 자신감을 경험하게 된다.** 자신의 관심사를 따라 끝까지 경험해 본 아이들은 모든 일에 있어서 스스로 할 수 있다는 자신감이 생기는 것이다. 그렇게 아이들은 조금씩 영역을 확장해 나가며 성장하게 된다.

결국 부모는 아이에게 사랑과 애정으로 아이의 관심사를 꾸준히 알아가고, 아이 수준에 맞는 다양한 책을 접해가도록 도와주어야 한다. 오늘 밤에도 우리는 아이에게 읽어주고 싶은 책이 무척 많다. 하지만, 아이는 어제 읽던 그 책을 가져와 다시, 또다시, 여러 번 읽어달라고 한다. 어떻게 할 것인가? 우리는 **아이가 좋아하는 책을 계속 경험하게 해줘야 한다. 아이가 좋은 하는 책을 아이가 원하는 만큼 충분히 읽어줘야 한다. 아이 자신이 좋아하는 책으로 그 끝을 경험하게 해주자.** 그 끝이 채워지면 분명 아이는 또 다른 책에 관심을 보이며 그것 또한 꼭 채워나갈 것이다.

아이가 좋아하는 관심사를 통해 독서의 바다에 빠지는 경험을 하게 해주자. 어느 순간 아이는 무의식 깊숙한 곳에 있는 잠재력

행복하고 똑똑한 아이로 키우는,
책 읽어주기의 기술

까지 끄집어내며 한층 성장하게 될 것이다.

반드시 한 가지 책을 익히 읽어서 그 안의 참된 이치와 뜻을 깨달아
모두 통달하여 의심이 없어진 이후에야 비로소 다른 책을 읽을 것이다.
여러 가지 책을 탐내어 이것저것 분주히 섭렵해서는 안 된다.

– 율곡 이이 –

# 두 아이에게 같이
# '책 읽어주기'가 어려워요,
# 어떻게 하면 좋을까요?

7살, 4살 두 자녀를 키우고 있는 엄마의 질문이었다. 두 아이에게 같이 책을 읽어주고 있는데, 둘째 아이가 방해를 해서 두 아이 모두에게 '책 읽어주기'가 어렵다고 했다.

**우선, 나이가 3살 이상 차이 나는 두 자녀에게 같은 책을 함께 읽어주는 것은 바람직하지 않다.** 만약 첫째 아이의 눈높이에 맞춘 책을 두 자녀에게 읽어준다면, 둘째 아이에게는 마치 이유식을 먹일 아이에게 밥을 주는 것과 같으니 당연히 소화를 시킬 수도 없고 탈이 나기 마련이다. 또한 둘째 아이의 눈높이에 맞춘 책을 두 자녀에게 읽어준다면, 첫째 아이는 너무 쉬운 책에 오히려 흥미를 잃고 책 보는 시간이 지루하고 재미없다고 느끼게 된다. **아이들은 각자 아이의 나이에 맞는 책을 봐야 흥미를 느끼고 또다시 책을 찾게 된다. 아이들의 나이 터울이 좀 있다면, 아이들에게 같은 책을 함께 읽어주기보다는 아이별로 시간을 나눠 각자가 좋아하는 책을 읽어주도록 하자.**

어린 자녀가 여럿인 경우, 아이들별로 '책 읽어주기' 어려운 경우가 많다. 또한, 첫째 아이에게 책을 읽어주려고 하면 둘째 아이가 방해를 하는 경우도 있다. 그런데 어린 둘째 아이 입장에서 보면 책을 만지작거리거나 막 넘기는 행동은 호기심에 또는 같이 놀고 싶다는 표현이다. 어떤 이유에서든 아직 아이가 까꿍이라면, 절대 혼낼 일은 아니다. 자신의 감정에 충실한 거니까 말이다.

이런 경우, 두 가지 방법이 있다.
**가장 좋은 방법은, 둘째 아이가 아주 어려서 아직 낮잠 자는 시간이 필요한 경우라면, 둘째 아이가 낮잠 자는 시간에 첫째 아이에게 책을 읽어주는 건 어떨까?** 시간이 일정하지는 않지만 적어도 누군가에게 방해받지 않고 첫째 아이에게만 집중할 수 있으니 질적으로 만족스럽고도 편안하게 책 읽을 시간을 확보할 수 있다. 물론 그 평온한 시간이 짧을 수 있다는 게 문제다.

두 번째 방법은, 둘째 아이가 집이나 유치원에서 게임, 규칙을 통해 그 룰을 배우거나 또는 게임, 규칙을 이해할 수 있는 나이라면, **이때는 엄마와 책 읽는 것도 하나의 놀이처럼 규칙과 순서를 정해서 한 명씩 순서대로 책을 읽는 것이라고 가르쳐 준다.**

엄마와 더 가까이 있고 싶다는 아이들의 마음을 읽었다면, 엄마 다리 위에 아이들을 앉히고 즐겁게 책을 읽어주자. 물론, 처음에 어린 두 자녀에게 책을 읽어주는 것이 어려운 경우도 있다. 처음부터 쉽게 되지는 않겠지만, 그래도 아이들이 책 읽는 순서를 지키는 것도 하나의 놀이라고 느낀다면, 이때 아이들은 규칙과 질서를 배울 수 있고, 스스로 게임의 규칙을 지키면서 자신감을 갖고 그 시간을 즐기게 될 것이다. **인내심을 갖고 조금씩 습관을 들인다면, 아이들도 한 명씩 순서대로 엄마의 다리 위에 앉아 책 읽는 이 시간을 기다리게 되고 서로가 즐겁게 책을 읽을 수 있는 훌륭한 촉매제가 될 것이다.**

행복하고 똑똑한 아이로 키우는,
책 읽어주기의 기술

# 아이가 질문을
# 많이 해서
# '책 읽어주기'가 어려워요

책 읽는 동안 아이가 질문을 많이 해서 책 한 권 읽어주기가 너무 어렵다는 분들도 계셨다. 엄마가 책을 읽어주면 유난히 질문을 많이 하는 아이들이 있다. 우리 둘째 아이도 딱 그랬으니 말이다. 아이는 책에 나오는 그림 하나하나 그것이 무엇인지 물어보고, 순간순간 떠오르는 궁금증을 이야기하다 보니 다음 페이지로 넘어가기 어려운 경우가 많았다.

그런데, 우리가 아이들과 책을 읽는 이유는 무엇일까? 우리는 왜 아이들에게 책을 읽어주려고 하는 걸까? 책을 많이 읽는 것이 목표인가? 우리가 아이들에게 '책 읽어주기'를 시작한 궁극적인 목적을 생각해 볼 때이다. 내가 아이들에게 책을 읽어주는 이유는 여러 가지가 있지만, 그중에서도 단연 책을 통해 많은 경험과 지혜를 얻기 바라기 때문이다. **그러려면 책과 가까워져야 하고 책에 대한 긍정적인 느낌이 중요하지 않을까?** 책에 대한 긍정적인 느낌은 어떻게 얻을 수 있을까? 당연히 책을 보는 시간이 즐거워야 한다. 그러기 위해서 책 한 권을 처음부터 끝까지 다 읽어야 한다는 생각은 버리고, 책을 읽는 동안 자유롭게 느끼고 상상하고 생각하는 즐거움을 경험하도록 해야 한다.

사실 아이가 질문을 많이 하는 것은 정말 감사한 일이다. 아이가 세상을 주의 깊게 보고 있고, 그러다 보니 궁금증이 생기고 알고 싶은 것이 늘어나는 것이다. 이때야말로 아이가 스스로 지적 호기심을 채워보고 그 과정을 통해 자신감을 가질 수 있는 좋은 기회이다. 결국, 우리 아이가 질문이 많다면, **우리는 질문에 대한 답을 아이가 찾을 수 있도록 이끌어 주어야 한다. 아이의 궁금증을 같이 풀어나가거나 그 질문에 대한 아이 생각을 이야기하도록 이끌어 주어야 한다.** 이 과정을 통해 아이는 스스로 생각하고 해결하며 스스로에게 자부심을 갖게 된다. 그리고 아이에게는 이 시간이 즐겁고도 긍정적인 느낌으로 남아 아이는 책과 한층 더 가까워질 것이다.

행복하고 똑똑한 아이로 키우는,
책 읽어주기의 기술

생각하지 않고 읽는 것은 잘 씹지 않고 먹는 것과 같다.

- 바이크 -

간혹 오해하는 경우가 있는데, 책은 처음부터 마지막 페이지까지 꼭 다 읽어야 하는 것은 아니다. 책을 읽으면서 재미있고 긍정적인 느낌을 받으며 새로운 경험을 얻을 수 있다면, 그것으로 충분하다. 모든 페이지를 읽지 않았더라도 말이다.

# 아이와 1년에 1,000권 책 읽기는 어떻게 할 수 있나요?

나는 몇 년 동안 우리 아이들뿐만 아니라, 독서습관을 필요로 하는 아이들과 〈1년에 1,000권 책 읽기 프로젝트〉를 했다. 내가 강연 당시, 아이들의 1,000권 책 읽기 프로젝트 성공 사례를 소개했더니, 부모님들의 반응이 참 다양했다.

어떤 분들은 '1년에 1,000권을 어떻게 읽게 하지?'
아니면, '한번 해보고 싶다!'
아니면, '1년에 1,000권 정도야 거뜬히 읽히지!'였다.

여러분은 어떻게 생각하는가? 아이들이 1년에 1,000권의 책을 읽는 것, 또는 아이들에게 1,000권의 책을 읽어주는 것이 가능할까? **이 시간에는 〈1년에 1,000권 책 읽기 프로젝트〉를 누구나 할 수 있도록, 아이들에게 1,000권의 책을 읽어줄 구체적인 방법을 소개하도록 하겠다.**

우선 책 읽기를 하는 큰 목표인 **'Big 목표'**를 세워보고, 그 목표를 쪼개어 세부적인 작은 목표 **'Small 목표'**를 다시 정한다. 그리고 Small 목표를 달성하기 위해 **'미션'**을 최대한 아주 구체적으로 적어본다. 이때, 특히 기간, 숫자를 명시하는 것이 아주 효과적이다. 이전에 아이들과 〈1년에 1,000권 책 읽기 프로젝트〉를 진행했을 때 정리한 계획서를 이 책에 담아보니 꼭 활용해보길 바란다.

# 〈1년에 1,000권 책 읽기 프로젝트〉 계획서

| 1단계 | Big 목표 | 아이와 1년에 1,000권 책 읽기 |
|---|---|---|
| 2단계 | Small 목표 | 100일 동안 아이와 하루에 3권 이상 책 읽기 |
| 3단계 | 100일 미션 | **\*100일 아이독서 미션**<br>부모가 아이에게 100일 동안<br>매일 책 3권 이상 읽어주고, 기록을 남긴다.<br><br>**\*100일 부모독서 미션**<br>부모도 2주일에 1권 이상 부모를 위한<br>책을 읽고 기록을 남긴다. |

## 1단계. Big 목표 설정

- 목표는 최대한 구체적인 숫자로 정한다. '아이와 1년에 1,000권 책 읽기'를 달성하려면 하루에 책 3권 이상을 읽어야 한다는 계산이 나온다.

행복하고 똑똑한 아이로 키우는,
책 읽어주기의 기술

## 2단계. Small 목표 설정

- Big 목표를 쪼개어 실천할 기간을 100일로 정한다.

- 매일 3권의 책을 100일 동안 읽으면 300권을 읽게 되고, 1년 동안 읽으면 1,095권을 읽게 된다.

- 사실 책을 읽을 때, 읽은 책의 권수가 중요한 것은 아니다. 오히려 다독보다는 책을 잘 느끼고 내 것이 되도록 읽는 것이 더 중요하다. 하지만 **처음에 독서습관을 들이며 꾸준히 '책 읽어주기'를 하기 위해서는 매일 읽을 책의 권수를 정해놓고 읽어줄 것을 권한다.**

## 3단계. 100일 미션 설정

### *100일 아이독서 미션
- 100일 동안 아이에게 매일 책 3권을 읽어준다. 또는 아이가 큰 소리로 매일 책 3권을 읽는다(아이의 나이와 상황에 따라 선택한다).

- 책을 읽은 후, 아이와 책에 대한 느낌이나 생각, 또는 가장 기억에 남는 장면에 대해 이야기를 나눈다.

- 책을 읽은 당일, 읽은 책을 사진 찍어 간단히 기록을 남긴다. 아이의 반응 / 아이가 새롭게 한 말 / 아이가 가장 관심 있었던 장면 / 아이의 관심사 / 엄마의 느낀 점 / 아이와 앞으로 읽을 책에 대한 엄마 생각 등을 기록한다.

- 나의 경우는 매일 아이와 읽은 책을 사진 찍어 블로그에 올리고 아이와 나눈 이야기 내용도 간략하게 기록을 남긴다. 아이가 갓난아기일 때 개인 노트에 기록을 해봤는데, 손으로 직접 기록하기 위해서는 아이를 재우고 나름 시간을 확보해야 했다. 그런데 이 시간을 확보하는 게 생각보다 어렵다는 것을 알게 됐고, 좀 더 편리한 방법을 찾다가 블로그에 기록을 남기게 됐다.

- 책을 읽어주고 기록을 남기게 되면 읽은 책을 카운팅 하기에도 용이하고, 아이를 더 유심히 관찰하다 보니 아이를 더 많이 알아가게 된다. 게다가 아이의 성향과 관심사를 알게 되니 이다음에 어떤 책을 보여주면 좋을지 좀 더 쉽게 파악할 수 있다. 나중에는 아이의 성장하는 과정을 기록한 성장일기가 될 수도 있다.

- 어느 순간 100일 동안 300권을 읽게 되고 이 미션을 몇 번 하고 나면, 결국 1년에 1,000권 이상의 책을 읽게 되

행복하고 똑똑한 아이로 키우는,
책 읽어주기의 기술

는 신기한 경험을 하게 된다.

## *100일 부모독서 미션

- 블로그에 리뷰를 남겨도 좋고 노트에 별도로 필사를 해
도 좋다. 각자 본인에게 잘 맞고 편리하게 꾸준히 할 수
있는 방법을 찾아야 한다.

- 부모의 내면은 독서를 통해서 부모 스스로 먼저 채워야
한다. 부모가 아이에게만 책을 읽어주다 보면, 어느 순간
본인도 모르게 부모 스스로 부족한 부분을 아이에게서
채우려고 하는 경우가 생긴다. 따라서 **부모도 반드시 부
모를 위한 독서를 함께 해야 한다.** 부모도 반드시 '부모
의 독서'를 하여 아이들과 부모 본인의 미래에 대해 더 넓
은 미래지도를 그리길 바란다.

- 그리고 육아를 하면서 힘든 순간순간 책을 통해 스스로
를 들여다보며 힘을 얻을 수 있기 때문에 '부모의 독서'는
반드시 같이해야 한다. 이렇게 '부모의 독서'를 꾸준히 한
다면, 한 달에 2권 이상의 책을, 1년에 24권 이상의 책을
읽는, 더욱 내면이 단단한 부모가 될 것이다.

여기서 포인트는, **이 프로젝트를 하기 위해서 프로젝트 기간과 읽을 책의 권수 등 숫자를 정확히 정해야 한다.** 프로젝트 기간이 너무 길면 늘어질 수 있기 때문에 프로젝트 기간은 한 달에서 100일 이내로 정하는 것이 좋다. 그리고 프로젝트를 완료했을 때 부모 자신 스스로에게 보상을 줄 수 있는 정신 무장 또는 장치를 반드시 만들어 둬야 한다.

프로젝트를 끝까지 마치는 것이 중요하기 때문에, **꾸준히 프로젝트를 이끌어 나갈 장치를 여러 개 만들어야 한다. 그러기 위해서 반드시 매일 프로젝트 기록을 남겨야 한다.** 블로그 또는 개인 노트에 성장일기식으로 기록을 남겨도 좋고, 인스타에 간단히 사진을 남겨도 좋다. 어떤 방식이든 기록을 남기면, 나의 어제는 역사가 되고, 미래에는 생각지도 못한 변화를 만나게 될 것이다.

그런데 가장 중요한 것은, **프로젝트 기간 동안 프로젝트를 완료하기 위해서 그 누구보다 먼저 부모들의 에너지를 충전해야 한다.** 이런 에너지가 필요할 때, 육아 서적이나 자기계발 서적을 읽으면 다시 동기부여도 되고 에너지도 충전할 수 있으니 좋다. 따라서 프로젝트 기간 동안 부모도 1주일 또는 2주일에 한 권씩 책을 읽어야 한다. 그리고 기억에 남는 대목에 대해 기록 남기기를 권한다. 책을 읽고 아무리 좋았더라도 시간이 지나면 그 책에 대한 기억은

행복하고 똑똑한 아이로 키우는,
책 읽어주기의 기술

희미해지거나 사라지기 마련이기 때문에 자신의 생각과 언어로 반드시 기록을 남겨야 한다.

그리고 **프로젝트를 완료했을 때는 반드시 스스로에게 보상을 주어야 한다.** 맛집에 간다든가, 영화를 본다든가, 좋아하는 것을 산다든가 등 무엇이든 좋다. 아이에게 바로 아웃풋을 바라면 아이와 서로 사이만 안 좋아질 수 있다. 따라서 이 프로젝트를 마친 후에는 아이에게 무엇인가를 확인하려 하지 말고, 그 프로젝트를 잘 이끌어 간 부모 스스로에게 보상을 주길 바란다. 꾸준히 아이에게 책을 경험하게 하고 있다면, 확인하지 말고 아이를 믿고 기다려주자. 쌓이고 쌓여 내면은 이미 성장하고 있을 것이고, 아이들의 성장을 확인할 순간이 곧 올 것이다.

위의 '100일 미션'을 모두 완료했다면, 부모 스스로에게 반드시 보상을 해주어야 한다. 너무 대단한 일을 했으니까, 또 엄마 스스로 보상을 좀 받아야 다음 프로젝트를 시작할 힘이 날 테니까 말이다. 혹시 스스로 상을 주는 게 너무 어렵다는 분이 있다면, 내 에너지를 팍팍 드려야겠다.

**앞의 '100일 미션'은 이미 많은 부모들과 여러 차례 진행을 했고, 우리 집에서 아이들과도 꾸준히 활용하고 있다. 이 프로젝**

**트를 통해 우리는 아이들이 책과 친해지고, 부모가 변화하는 효과를 보았다.** 꾸준히 아이들에게 '책 읽어주기'를 하시는 경우 꼭 '100일 미션'을 활용해 보길 권한다.

행복하고 똑똑한 아이로 키우는,
책 읽어주기의 기술

• • •   7살 자녀를 키우는 부모가 '책 읽어주기'를 하려는데, 아이에게 한글책뿐 아니라, 영어책도 같이 읽어주면 좋을지 문의하셨다. 그리고 영어책을 읽어준다면 어떻게, 얼마나 읽어주는 게 좋을지 물어보셨다.

난 작년에 갑작스럽게 아이들과 미국에서 1년 생활을 하게 됐다. 그동안 한국에서 책으로 자란 아이들과 〈미국에서 살아보기〉를 하며 '책 읽어주기'의 힘을 제대로 경험했고, 영어책을 어떻게 읽어주면 좋을지 문의하신 분께도 좀 더 구체적인 답변을 드릴 수 있게 됐다. 이번 장에서는 나의 경험을 토대로 책 읽기의 중요성과 미국 공립초등학교 선생님이 강조하신 〈영어책 읽는 방법〉에 대해 담아보도록 하겠다.

Part 7.

........................................................................

# 영어책은
# 어떻게
# 읽어주면 좋을까요?

# 미국에서도
# '책 읽어주기' 중, 아이들은
# 계속 성장하고 있다

　　**난 10년 넘게 매일 우리 아이들에게 책을 읽어주며 꾸준히 책 육아를 실천하고 있는 맘이다.** 그동안 아무리 바빠도 매일 밤 아이들에게 '책 읽어주기' 일과는 꼭 지키려고 노력했다. 그러던 중, 갑작스러운 기회에 아이들과 미국에서 1년 생활을 하게 됐다. 처음에 아이들의 영어는 어떻게 해야 할지, 아이들이 미국학교에서 어떻게 적응해 나갈지도 걱정이 됐다. 그러나 **난 아이들이 책으로 자라왔기에 얻을 수 있었던 아이들의 자신감과 자존감을 믿기로 했다.** 역시 미국에서 아이들은 영어도 빨리 습득하고 미국학교에 잘 적응해 나갔다. 물론 아이들을 믿었지만, 우리 아이들을 보며 신기하고도 감사했다.

미국에 오기 전, 아이들과 한국에 있던 그 10년 동안 아이들에게 매일 '책 읽어주기'를 했다. 큰 아이가 태어나고부터 10년 동안, 아무리 회사 일이 바빠도 거의 빠지지 않고 아이들이 잠자기 전에 책을 읽어줬다. '책 읽어주기'를 하며 그 어떤 것보다 **책은 아이들의 성장에 커다란 밑거름이 될 것이라는 믿음이 있었다.** 다행히 아이들도 이 시간을 무척 좋아했고, 덕분에 난 한글책, 영어책 구분 없이 다 읽어줄 수 있었다. 그리고 아이들에게 매일 '책 읽어주기'를 하고 난 후, 꼭 기록을 간단히 남겼다. 그러다 보니 항상 아이의 관심사나 아이의 상태를 파악할 수 있었고, 아이에게 맞는 책을 더 찾아보고 나름의 로드맵을 만들 수 있었다. 첫째 아이가 아주 어렸을 때는 책에 푹 빠져 책을 읽느라 며칠 밤을 꼬박 새운 적도 있고, 한동안은 책을 전혀 보지 않으려고 한 시기도 있었다. 어느덧 10년이라는 시간이 훌쩍 흘러 이제는 아이가 원하는 책이 있으면, 스스로 책을 꺼내 몇 시간씩 읽어 내려간다. 한글책이든 영어책이든 말이다.

지나고 보니, 갑작스러운 미국생활에서도 아이들이 이렇게 빨리 언어를 배우고 잘 적응할 수 있었던 이유는 여러 가지가 있겠지만, **그동안 매일 '책 읽어주기'를 해오며 아이들이 얻은 자신감과 자존감 덕분이라고 생각됐다. 그리고 영어 유치원을 다니지 않고 10년 책 육아를 한 아이도 미국학교에서 바로 적응하고, 편하게**

영어를 할 수 있다는 걸 지켜보며 책 육아에 대한 더 큰 확신이 들었다. '책 읽어주기'야말로 부모가 아이들에게 해줄 수 있는 최고의 선물이었다.

# 책으로 자란 아이는
# 어디서든 자존감이 높다

　　**미국 공립초등학교 1학년을 다니게 된 둘째 아이는 미국학교 등교 첫날에 노란 스쿨버스를 혼자 타고 씩씩하게 학교에 다녀왔다.** 미국에서 첫 등교를, 그리고 아이 생애 첫 초등학교 등교를 미국에서, 혼자 스쿨버스를 타고 한 것이다. 아이가 집에 돌아오는 오후 시간까지 내 심장이 어찌나 콩닥콩닥 뛰던지 가만히 앉아 있기가 어려웠다. 그런데 학교를 다녀온 아이는 미국학교가 너무 재미있다고 마냥 신나 있었다. 잘하겠거니 믿었지만, 아이의 미국학교 첫날 소감은 나에게 너무나 감동적이었다. '이게 말이 돼? 영어 한마디 할 줄 모르는데, 학교가 재미있다고?' 아무튼. 일단. 너무 고마웠다. 그리고 기특했다. 아직도 그날이 생생하다.

행복하고 똑똑한 아이로 키우는,
책 읽어주기의 기술

아이들이 미국학교에 완전히 적응하는 데 얼마 걸리지 않았다. 그런데 1학년인 둘째 아이의 시간표를 보니, 쉬는 시간이 없이 Reading, Math, Writing 시간이 이어져 있었다. 난 한국 정규 교육만 받은 한국 엄마인지라, 1학년인데 쉬는 시간이 없다는 게 괜찮을까 싶었다. 그래서 아들에게 **"쉬는 시간이 없는데 힘들지 않아?** 화장실에 가고 싶을 때는 어떻게 하니?"하고 물었다. 둘째 아이는 천진난만하게 "학교에 쉬는 시간은 없지만 전혀 힘들지 않아요. 그리고 **화장실에 가고 싶을 때는 손들고 말하고 가면 돼요.** 우리 반 친구들 다 그렇게 해요." 하고 쿨하게 말해준다. 어쩌면 둘째 아이는 한국에서 학교를 다녀본 적이 없다 보니 시간표에 쉬는 시간이 없는 걸 당연하게 받아들이고 있는지도 모른다.

아이들이 미국학교에 등교한 지 몇 주가 지났고, 너무 잘 적응하고 있었다. 하지만, **난 여전히 궁금한 것투성이였다. 난 둘째 아이에게 "영어를 잘 모르는데 학교에서 불편하지 않아?" 하고 물었다.** 아들이 나에게 "엄마, 여기 미국 친구들은 영어만 할 줄 알잖아요. **난 한국말은 엄청 잘하고 영어도 좀 알아들을 수 있으니까 대단한 거 아니에요?** 그래서 오늘은 내 미국 친구 Oliver한테 '안녕하세요'라고 인사하는 것 좀 알려줬어요. 잘하던데요."라고 말했다. 그리고 말이 끝나기가 무섭게, 두 팔로 자신의 어깨를 감싸며, "I'm proud of myself."라고 외쳤다. **자신이 잘했을 때는 자기**

도 자기 자신을 칭찬해 줘야 한다고 했다.

순간 '이 녀석 자존감으로 가득하구나!'하는 생각이 들었다. 그리고 '어른인 내가 보는 세상과 아이들이 보는 세상이 다르구나!' 하고, 다시 한번 느꼈다. **자신을 사랑하는 아이에게는 주변의 새로운 환경도, 영어라는 또 다른 언어도 큰 문제가 되지 않았다.**

# 미국 공립초등학교 선생님이 강조하는 〈매일 책 읽기〉

미국학교 첫 등교 당시, 둘째 아이는 영어 한마디 할 줄 모르는 상태였다. 오직 용감하고 자신감이 넘칠 뿐이었다. 영어 한마디 할 줄 모르는 녀석이 친구들도 많이 사귀고, 참 신기했다. 미국 초등학교를 몇 개월 다니고 나니, 아이는 한글보다 영어가 더 편하다고 할 정도로 그사이에 많이 적응을 했다. 미국 친구들과 학교 운동장에서 뛰어다니며 장난치고 어울려 노는 모습이 신기할 정도로 너무 자연스러웠다.

미국에서도 계속 아이들의 자신감과 자존감을 지켜주고 싶었다. 그래서 둘째 아이의 경우, 특히 영어를 꾸준히 더 채워줘야

**한다고 생각했다.** 확실히 아이들은 어른들보다 언어를 빨리 배운다. 정확히 말하자면, 아이들은 처음 한국어를 배울 때처럼, 둘째 아이도 영어로 Listening과 Speaking을 자연스레 익혀나가고 있었다. 다만, 한국어를 배울 때도 아이들이 말을 먼저 배우고, 이후에 한글 읽고 쓰는 것을 배우듯이, 영어 Reading, Writing도 배워야 한다고 생각했다.

**난 아이의 영어를 채워주기 위해 한국에서 하듯이, 집에서 꾸준히 영어책을 읽어주고 있었다.** 물론 여전히 부족했다. 당연한 일이다. 서두르지는 않을 것이다. 하지만, 내가 아이들과 집에서 하고 있는 '책 읽어주기' 이외에 또 다른 방법이 있는지 확인해 보고 싶었다. 그래서 **둘째 아이 담임선생님께 아이의 영어 실력을 향상시키기 위해 집에서 할 수 있는 활동이 있는지, 추천해 주시길 부탁드렸다.** 선생님께서는 친절하게 대답해 주셨다.

"매일 방과 후에 정해진 시간 동안(1-2시간 정도) 미국 TV '어린이 프로그램'을 보는 것도 도움이 됩니다. 그리고 **꾸준히 책을 읽는 게 중요한데요, 아이가 부모님과 하루에 한 권씩 꼭 책을 읽도록 봐주세요. 무엇보다 매일 꾸준히 책 읽는 게 가장 중요합니다.**"

선생님은 매일 꾸준히 책 읽는 것이 아주 중요하다고 여러 번 강조하셨다. 결국 내가 10년 넘게 꾸준히 하고 있는 책 육아와 같은 맥락인 듯했다. 난 미국에서도 아이들에게 매일 '책 읽어주기'를 꾸준히 실천하고 있었다. 매일 책과 함께하며, 확실히 아이는 빠르게 영어와 친해지고 있었다. 매일 영어책을 읽는 것이 아이들에게 가장 도움이 된다는 미국 선생님의 말씀을 들으니, 다시 한번 '책 읽어주기'의 힘을 확신하게 된다.

# 미국 공립초등학교 선생님이 알려주신 〈매일 영어책 읽기 방법〉

작년 가을쯤 아이들의 미국 담임선생님과 처음으로 정기면담을 했다. 그런데 신기하게도, **두 선생님 모두 공통적으로 강조하시는 것이 있었다. 바로 '매일 책 읽기'였다.**

'책 읽어주기'에 대한 믿음이 있었고, 꾸준히 책 읽는 것이 얼마나 중요한지 이미 알고 있던 나였지만, 미국 땅에서도 미국학교 선생님들이 '매일 책 읽기'를 강조하는 게 신기했다. 한편, '매일 책 읽기'를 강조하는 미국학교 선생님들의 이야기를 듣고, '미국 땅에서도 책 육아로구나!'하는 생각이 들었다.

미국 초등학생은 과제가 그리 많지 않은 편인데, **두 아이 모두 매일 해야 하는 과제가 딱 한 가지 있었다. 그건 바로 '매일 책을 읽는 것'이었다. 1학년인 둘째 아이의 경우, 〈매일 영어책 1권 읽고 NOTE에 쓰기〉가 과제였다.** 매주 월요일마다 선생님께서 아이들에게 Reading Bags에 영어책 4권과 Writing Note를 넣어 집으로 보내주셨다. 그러면 아이는 월요일에서 목요일까지 매일 한 권씩 책을 읽고, 읽은 책에서 한 문장을 골라 Writing Note에 정성껏 쓰게 된다. 그리고 금요일에는 다 읽은 영어책 4권과 매일 쓰기 연습을 한 Writing Note를 Reading bags에 넣어 학교에 제출했다.

**미국 초등학교에서 하는 〈매일 영어책 1권 읽고 NOTE에 쓰기〉 과제는 처음 영어를 배우는 둘째 아이에게 꽤 효과적이었다.** 꾸준히 한다면, 분명 아이들의 영어 Reading과 Writing에 있어 모두 효과를 볼 수 있기에, 미국 선생님이 알려주신 〈매일 영어책 1권 읽고 NOTE에 쓰기〉 방법을 좀 더 구체적으로 이 책에 담아보도록 하겠다.

## 〈매일 영어책 1권 읽고 NOTE에 쓰기〉 방법

1. 부모님과 매일 밤에 영어책 한 권을 큰 소리로 읽으세요.

2. 책 한 권을 다 읽은 후에, Writing Note에 쓸 하나의 문장을 고르세요.

3. Writing Note에 읽은 날짜, 책의 제목과 책의 문장 하나를 쓰세요.

**1학년 아이가 매주 학교에서 과제로 가져오는 Reading Bags**

난 한국에서도 아이들에게 매일 책을 읽어줬고, 한글책, 영어책 구분 없이 다 읽어주려고 노력했다. 하지만, 역시 팔은 안으로 굽는다고 난 읽기 편한 한글책을 확실히 더 많이 읽어주게 됐다. 그러나 미국에 와서는 아이의 자존감을 지켜주기 위해서라도, '영어책 읽어주기' 프로젝트를 좀 더 압축적으로 진하게 진행했다. 그리고 둘째 아이는 지난 학기 동안 하루도 빠지지 않고 〈매일 영어책

행복하고 똑똑한 아이로 키우는,
책 읽어주기의 기술

1권 읽고 NOTE에 쓰기〉 과제를 정성껏 했다. 매일 꾸준히 책을 읽은 덕분에 아이는 영어책을 조금씩 띄엄띄엄 읽기 시작했고, 더 자신감이 붙었다. **영어책을 통해 아이는 영어를 느끼고, 미국 문화를 느끼고, 호기심도 키워가며 Reading 실력도 늘고 있었다. 아이의 Reading 실력이 느는 만큼 아이 스스로도 무엇이든 할 수 있다는 자신감을 얻고 있었다.**

오늘 밤! 아이들이 좋아할 만한 책 한 권 꺼내 들고 아이들과 편하게 앉아 책을 읽어주면 어떨까? 한글책이든, 영어책이든 상관없다! 만약 아이들에게 영어책을 읽어주고 있다면, 앞으로 〈매일 영어책 1권 읽고 Note에 쓰기〉 방법도 꾸준히 활용해 보길 바란다. 분명 효과가 있으니까 말이다.

# 미국 공립초등학교 선생님이 알려주신 〈영어 READING, WRITING 향상 방법〉

3학년인 첫째 아이 담임선생님과 ZOOM으로 정기면담이 있었다. **우선 난 아이가 학교와 친구들을 너무 좋아하고, 학교생활을 진심으로 즐거워하는데, 선생님 덕분이라며 감사하다고 말했다.** 처음 미국학교에 다니기 시작했을 때 아이가 잘 적응할 수 있도록 도와주신 선생님께 진심으로 감사했다.

첫째 아이도 집에 있는 시간이면, 실컷 놀다 매일 밤 '영어책 읽기' 프로젝트를 했다. 매일 꾸준히 영어책을 읽으니 아이가 읽고 싶은, 궁금한 영어책도 늘었다. 아이는 자신이 좋아하는 영어책에 빠져들수록 그 재미를 제대로 맛보고 있었고, 영어 실력도 느는 만

행복하고 똑똑한 아이로 키우는,
책 읽어주기의 기술

큼 자신감을 얻고 있었다. 하지만, 여전히 Reading과 Writing이 가장 많이 신경 쓰였다. 그래서 **첫째 아이의 영어 향상을 위해 무엇을 하면 좋을지 선생님께 몇 가지를 여쭤봤다.**

- - - - - - - - - - - - - - - - - - - - - - - - - - - - - - - - - - - - - - - - - - - - - - - - - - - - - -

**[Q1]** 첫 번째 질문으로, 아이의 Reading 실력을 향상시키기 위해 뭘 하면 좋을까요? 아이가 집에서는 본인이 좋아하는 Graphic Novel(만화 소설)과 Fiction(픽션) 책을 주로 보는데요, Reading 실력 향상을 위해 혹시 Literature(문학)를 보는 게 좋을까요?

**[A1]** 미국 선생님 답변은, Literature(문학)는 나중에 읽어도 좋고, 지금은 Non-Fiction(논픽션) 책을 읽는 게 좋아요. Non-Fiction(논픽션) 책을 통해 Voca도, Reading도, 충분히 향상될 거예요.

- - - - - - - - - - - - - - - - - - - - - - - - - - - - - - - - - - - - - - - - - - - - - - - - - - - - - -

**[Q2]** 두 번째 질문으로, 아이의 Writing 실력을 향상시키기 위해 뭘 하면 좋을까요? 매일 일기 쓰기 등 Writing을 하면 되나요?

**[A2]** 미국 선생님 답변은, 사실 지금도 충분히 Writing을 잘하고 있고, 물론 Writing을 위해서 매일 일기 쓰는 것도 아주 좋아요. 하지만 무엇보다 꾸준히 Reading 하는 게 제일 중요하고요, 결국 꾸준히 Reading을 해야 Writing 실력을 향상시킬 수 있어요.

역시 가장 중요한 것은, '매일 책 읽기'였다. 결론적으로, Voca 도 Writing도 향상시키는 방법은 결국 꾸준히 책 읽는 것이라고 강조하셨다. 국경을 넘어, 아니 동서고금을 막론하고 역시 책의 중요성은 아무리 강조해도 지나치지 않다는 생각이 든다.

Part 8.

# '책 읽어주기'를
# 꾸준히 할 수 있는
# 꿀팁은?

# '책 읽어주기'를 꾸준히 하려면?

어느 부모나 아이들에게 책을 읽어주는 것이 도움이 될 거라는 생각은 가지고 있다. 하지만 사실 꾸준히 매일 아이에게 '책 읽어주기'는 어려울 수 있다. 어찌 보면 당연한 일이다. 왜냐하면, 아이와 부모는 각자의 생각을 가진 인격체이기 때문이다. 즉, 아이가 책을 읽고 싶을 때 부모는 쉬고 싶을 수 있고, 부모가 책을 읽어주려고 할 때 아이는 다른 놀이를 하며 놀고 싶을 수 있다.

그럼에도 불구하고, 아이에게 매일 책 읽어주는 것이 얼마나 중요한 일인지 알게 됐고 꼭 해야겠다고 마음먹었다면, 그 여정이 길고 쉽지 않더라도 반드시 멀리 보고 긴 호흡의 목표를 세워야 한다.

# '책 읽어주기'를
# 꾸준히 할 수 있게 해주는
# 일곱 가지 방법

그렇다면 아이에게 '책 읽어주기'를 꾸준히 할 수 있는 팁을 공유함으로 좀 더 부모의 열정과 에너지를 채워보도록 하겠다.

◆ **첫째, 아이에게 매일 '책 읽어주기'를 하는 장기 목표를 세워라**

**정확한 목표가 있어야 멀리 보고 흔들리지 않고 '책 읽어주기'를 계속할 수 있다.** 그 목표는 어떤 것이든 좋다. 그러나 구체적으로 수치화할 수 있는 목표면 더 좋다. 나의 경우 처음 '책 읽어주기'를 시작하면서 세운 장기 목표는 태교부터 시작해서 아이가 초등학교 졸업할 때까지 아이가 원하는 한, 매일 '책 읽어주기'를 하는 것이었다. 혹시 그보다 짧아지더라도, 적어도 10년은 책을 읽어주겠다고 마음먹었다(물론 첫째 아이의 경우, 초등학교 입학 이후 아이가 혼자 책을 읽는 경우가 많아져 책 읽어줄 기회가 확실히 줄었다). 그리고 매달 전집 한 질씩 들이는 것도 장기 목표로 세워서 지켜나가고 있다.

### ◆ 둘째, 장기 목표를 잘 지키기 위해 그 목표를 잘게 쪼개어 프로젝트를 하라

**작은 성취감을 여러 번 맛보면, 최종 목적지에 도달할 수 있는 자신감과 에너지를 얻을 수 있다.** 나의 경우는 〈1년에 1,000권 책 읽기 프로젝트〉를 한다거나, 아니면 〈100일 동안 매일 한 가지 주제로 연계 독서하기〉 프로젝트도 했다. 물론 아이와 부모의 상황에 따라 지킬 수 있는 목표로 무리하지 않고 프로젝트를 세워야 한다. 프로젝트를 정하게 되면, 반드시 프로젝트의 계획-진행-결과에 대해 기록을 해야 하며, 그 기록은 프로젝트를 달성할 수 있는 힘을 줄 것이다.

### ◆ 셋째, '책 읽어주기' 상황을 반드시 기록하라

**기록은 나의 과거와 현재를 보여주고 나아갈 미래를 알게 해준다.** 매일매일 블로그에 사진과 기록을 남기거나 육아 일기를 써보는 것도 좋고, 인스타에 간단히 사진을 올리는 것도 좋다. 나 역시 매일 아이와 읽은 책을 찍어서 블로그에 간단히 사진을 올리고 짧은 코멘트를 적는다. 이런 기록은 나와 아이의 성장을 되돌아보게 해주고 나 스스로에게 또 하나의 자극을 주어 꾸준히 '책 읽어주기'를 할 수 있는 힘을 준다.

### ◆ 넷째, '책 읽어주기' 프로젝트를 진행하고, 기록을 남기면서 목표한 부분을 성공하면 부모 본인 스스로에게 보상을 줘라

아이에게 책을 좀 읽어줬다고 해서 바로 아이에게 아웃풋을 바라는 것은 안 된다. 안타깝게도 부모가 아이에게 뭔가 확인해 보려고 하다 보면 아이를 다그치게 되고, 아이는 그 상황에 반감이 생기거나 뒤로 물러나게 되는 경우도 생긴다. 꾸준히 제대로 책을 읽어줬다면, 그 속도는 다를 수 있지만, 분명 아이는 조금씩 성장하고 있을 것이다. 따라서 프로젝트를 성공하고 아이에게 어떤 결과물을 바라는 것보다는 **엄마 스스로에게 보상을 주어 책 육아를 계속할 힘을 얻는 것이 더 좋은 방법이다.**

### ◆ 다섯째, 모든 책을 정품 새 책으로 사야 한다는 생각을 버리자

특히 전집의 경우 새 책을 계속 들이기에는 경제적으로 많이 부담스럽다. 게다가 만약 새로 들인 새 전집이 아이 취향에 맞지 않아 아이가 잘 보지 않는다면, 우리들은 어떻게 할까? 아마 대부분은 비싼 책이다 보니 아이가 좋아하지 않더라도, 한 권이라도 더 어떻게든 읽어주려고 애를 쓰게 될 것이다. 그러다 보면 우리가 아이들에게 '책 읽어주기'를 하는 본질이 흐려진다. 개인적인 생각으로는 아이가 전집 전체의 1/3만 읽어도 이 정도면 대박 전집이다. 좀 찾아보면 깨끗하고 저렴한 중고 책도 많이 있다. 우선 **아이의 취향에 맞는 책 중에 깨끗하고 아주 저렴한 중고 책을 들여보고 아이와 부담 없이 편하게 읽어보자.** 물론 가까운 도서관을 자주 이용하고, 도서관에서 책을 빌려 보다가 아이가 좋아하는 책을 만나면 그때 책을 사서 소장하는 것도 좋은 방법이다.

### ◆ 여섯째, 어디서든 자투리 시간에도 아이가 책을 쉽게 접할 수 있는 환경을 만들어 주자

**여행을 갈 때나 긴 외출 시에도 반드시 읽어줄 책을 한 권 이상 챙겨가자.** 아이가 평소에 좋아하거나 여행과 관련된 책이면 더 좋다. 외출할 때 항상 책을 챙기다 보면, 아이는 책이 일상이라는 것을 자연스럽게 받아들인다. 그리고 어느 순간 외출하려고 하면 아이가 먼저 자신이 좋아하는 책은 챙기고, 긴 외출 시 순간순간 잠깐의 무료한 시간에 챙겨간 책을 보는 모습을 접하게 된다.

### ◆ 일곱째, 매일 '책 읽어주기'를 시작한 엄마라면 특히 아이를 믿고 기다려 주자

아이에게 '책 읽어주기'를 하다 보면 어느 순간 아이가 하루에 몇십 권씩 책을 읽어나가는 독서의 바다에 빠지는 것을 경험하기도 한다. 하지만 어느 순간부터는 책 읽는 양이 거의 없는 날이 지속되기도 한다. 하지만 매일 '책 읽어주기'로 어느 정도 책 읽는 습관이 들여졌다면, **아이를 믿고 기다려 주자. 아이가 한동안 채우지 못한 다양한 경험을 채우는 중일 테니까 말이다.**

---

### 함께 정리해 볼까요?

첫째, 아이에게 매일 '책 읽어주기'를 하는 **장기 목표**를 세워라.

둘째, 장기 목표를 **잘게 쪼개서 프로젝트**를 하라.

셋째, '책 읽어주기' 상황을 반드시 **기록**하라.

넷째, 목표한 부분을 성공하면 **부모 본인 스스로에게 상을 줘라.**

다섯째, 모든 책을 정품 **새 책으로 사야 한다는 생각을 버리자.**

여섯째, 어디서든 아이가 **책을 쉽게 접할 수 있는 환경**을 만들어 주자.

일곱째, 매일 '책 읽어주기'를 시작한 엄마라면 특히 **아이를 믿고 기다려 주자.**

---

선택의 결과는 선택 그 자체에 있는 것이 아니라 선택 후

이어지는 길에서 내가 만들어 갈 수 있다는 점을 기억하면 좋겠다.

– 김혜영, 이수란《모든 마음에는 이유가 있다》중 –

---

'책 읽어주기'는 꾸준히 10여 년 남짓해야 하는 긴 여정인 만큼 우리 인생처럼 굴곡이 있는 것은 당연하다. 이때 **부모는 아이들을 믿음으로 바라봐 주자. 아이는 부모가 믿는 만큼 자라게 된다.**

행복하고 똑똑한 아이로 키우는,
책 읽어주기의 기술

# '책 읽어주기'를
# 꾸준히 하기 위해
# 지금 당장 할 일은?

◆ **첫째, 지금 당장 노트에 목표를 적어보자!**

**사람들이 꿈을 이루지 못하는 것은, 목표가 없거나 목표가 계속 바뀌기 때문이라고 한다.** 지금 당장 우리 아이에게 책을 읽어주는 이유와 목표를 써보자. 가능하면 수시로 볼 수 있게 블로그나 책 육아 노트에 써보자. 그리고 목표는, **'Big 목표 〉 Small 목표 〉 100일 미션'** 순으로 최대한 구체적으로 적어야 한다. 특히 기간, 숫자를 명시하는 게 효과적이다.

아래 내용은 구체적으로 목표를 설정하고, 〈1년에 1,000권 책 읽기 프로젝트〉를 성공한 예시이다.

| 1단계 | Big목표 | 아이와 1년에 1,000권 책 읽기 |
|---|---|---|
| 2단계 | Small목표 | 100일 동안 아이와 하루에 3권 이상 책 읽기 |
| 3단계 | 100일 미션 | **\*100일 아이독서 미션**<br>부모가 아이에게 100일 동안<br>매일 책 3권 이상 읽어주고, 기록을 남긴다.<br><br>**\*100일 부모독서 미션**<br>부모도 2주일에 1권 이상 부모를 위한<br>책을 읽고 기록을 남긴다. |

'100일 미션'을 1년에 세 번 하고 나면, 부모와 아이 모두 책 읽기 습관이 들게 되고 〈1년에 1,000권 책 읽기 프로젝트〉도 마치게 된다. 이 프로젝트를 마치고 나면, 하루에 한 권 이상 책을 읽지 않으면 입 안에 가시가 돋는 신기한 경험을 하게 된다.

모든 목표는 각자의 상황과 아이의 성향 등을 고려하여 정해야 한다. 각자의 상황에 맞게 목표를 정해보고, 'Big 목표 〉 Small 목표 〉 100일 미션'을 직접 기록해 보자.

**반드시 지금 당장 노트에 목표를 적어보자!**

행복하고 똑똑한 아이로 키우는,
책 읽어주기의 기술

### ❖ 둘째, 먼 길을 같이 갈 책 육아 친구나 멘토를 찾아보자!

앞에 말한 '100일 미션'을 처음 할 때는 생각보다 어려울 수 있다. 다만, 마음 맞는 친구들과 함께하면 도란도란 이야기하고 책도 빌려가며 재미있게 끝까지 해낼 수 있다. 나 역시 마음 맞는 친구들과 여러 번 **'100일 미션'을 해봤는데, '먼 길 가려면 친구와 함께 가는 방법이 있다'는 말의 의미를 실감하게 된다.** 역시 혼자보다는 비슷한 생각을 하는 사람들과 함께한다면, 서로 힘이 되어 아이들에게 '책 읽어주기'를 더욱 꾸준히, 즐겁게 해나갈 수 있다. 주변에 책 육아 친구가 없다면, 나에게 연락을 달라. 나는 여러분을 끝까지 응원할 것이다.

좋은 사람을 곁에 두고 서로 도우며 일을 도모하라.
함께 가면 더 멀리 갈 수 있다.

– 조윤제 《다산의 마지막 질문》 중 –

신념은 목적지며, 행동은 두 다리다.
목적지를 상상하는 비전이 필요하지만, 도달하려면 두 다리로 걸어야 한다.
행동이 따르지 않는 신념은 무의미하다.

– 호아킴 데 포사다, 엘런 싱어 《마시멜로 두 번째 이야기》 중 –

우리 부모들 역시 주변에 비슷한 목표를 가지고 있는 친구
나 멘토를 만나 서로 꾸준히 성장할 수 있는 시너지를 일으키길
바란다.

# 글을 마치며

## 앞으로 내가 무엇을 해야 할까?

10년 넘게 아이들에게 매일 '책 읽어주기'를 하면서 나 역시 많이 배우고 성장할 수 있었다. 어쩌면 '책 읽어주기'는 아이와 나에게 제2의 탯줄과 같은 역할을 하고 있는지도 모른다. 결국 '책 읽어주기'는 서로의 영양분과 생각을 전달하는 매개체가 되어주었다.

부모가 아이들에게 줄 수 있는 최고의 선물인 '책 읽어주기'를 앞으로도 계속해 나갈 생각이고, 이 좋은 선물을 더 많은 부모들이 자녀에게 줄 수 있기를 바란다.

앞으로 개인적으로는 부모들이 아이에게 '책 읽어주기'를 쉽고 즐겁게 실제로 활용할 수 있는 〈책 놀이 실전 100선〉, 그리고 부모의 성장을 도모하는 데 도움이 되는 책 〈부모 성장 Book 100권〉을 준비할 예정이다. 또한, 부모와 아이가 함께 책을 즐기고 공감할 수 있는 복합 공간인 〈Book Complex Center〉를 오픈할 생각이다.

이 글을 정리하며 나의 정체성과 내 삶의 의미를 다시 한번 되새길 수 있어서 오늘도 너무 감사하다. 그리고 항상 내 삶에 깊은 영감을 주며, 나를 지탱해 주는 우리 가족들에게 고맙고 사랑한다고 전하고 싶다.